Deutland

Fröhliche Wissenschaft 219

Erhard Schüttpelz

Deutland

 Matthes & Seitz Berlin

Inhalt

Zweiter Teil:
Anfängerübungen und ihre Folgen

Einleitung

Philologie, Hermeneutik und Literaturinterpretation bilden im Bewusstsein der heutigen Kulturwissenschaften eine Einheit. Diese Einheit bleibt im Normalfall so unhinterfragt, dass man sie in Form expliziter Gleichungen formulieren muss, um sie in ihrer historischen Unwahrscheinlichkeit zu erkennen und zu datieren. Zum einen wird die Textwissenschaft insgesamt als hermeneutisches Paradigma beschrieben und beschworen, also so, als seien die philologischen Tätigkeiten allesamt hermeneutischer Natur. Zum anderen wird die Frage einer »Krise« oder Nicht-Krise der »Hermeneutik« am Schicksal der Literaturinterpretation festgemacht, und zwar an der Existenz und Häufigkeit der Interpretationen literarischer Texte. So schreibt Steffen Martus in einem aufschlussreichen Artikel, ein unbestreitbares Symptom der hermeneutischen Ausrichtung literaturwissenschaftlicher Texte seien Zeitschriftenpublikationen, die »einen einzelnen oder mehrere literarische Texte in den Mittelpunkt stellen und diese Texte ›besser verstehen‹ wollen (sei es im Hinblick auf kontextuelle Bezüge, Bedeutungen, Themen, Motive u. a.).«[1]

Mit diesem ›besser verstehen‹ ist hier, wie mir scheint, nicht unbedingt die bekannte hermeneutische Forderung gemeint, dass ein Interpret den Text besser als der Autor verstehen solle, sondern eine zeitliche und agonale Fügung: ›besser als zuvor‹ und damit auch ›besser als bereits ausgelegt‹, und im freundschaftlichen Wettstreit der Deutungen auch ›besser als durch andere schon geschehen‹, und zwar mit Bezug auf »einen einzelnen oder mehrere literarische Texte«, und damit unweigerlich in einer Bejahung seines Kanonisiertseins oder Kanonisiertwerdens, und sei es als Beispiel seiner Interpretierbarkeit.[2] Die Formulierung verweist zudem auf zwei Identifizierungen: Literaturinterpretation ist Hermeneutik, und die Hermeneutik steht für die Gesamtheit der Philologie. Diese beiden Identifizierungen sind sowohl erklärungsbedürftig als auch historisch datierbar:

Zum einen: dass Philologie und Hermeneutik ohne große Hindernisse miteinander identifiziert werden können, also so, als sei die Philologie schon immer eine hermeneutische oder eine vornehmlich hermeneutische Tradition gewesen.

Und zum anderen: dass man die Krise oder Nicht-Krise »der Hermeneutik« am Genre der agonalen Interpretation literarischer Einzeltexte durch Einzeltexte festmachen kann. Denn es hat ganz andere Zeiten der Philologie gegeben, in denen dieses Genre keine große öffentliche Rolle spielte, und das galt auch in Deutschland für die prestigeträchtigsten Zeiten und Orte der Philologie. Das agonale Interpretieren literarischer Werke im Duell zwischen Primär- und Sekundärliteratur ist eine moderne Praxis, die spezifisch moderne Institutionen voraussetzt. Die bereits zitierte Untersuchung von Steffen Martus enthält einige ausgezeichnete Überlegungen zu den agonalen und kooperativen Bedingungen dieser Praxis, und einen wichtigen Fingerzeig zur Datierung ihres Erfolgs:

Die quantitativ und qualitativ nachhaltige Durchsetzung der Einzeltext-Interpretation, also des Genres, das uns als »das hermeneutische« oder sogar als »das Hermeneutische« par excellence vorkommt, fällt in die späten 1960er-Jahre und hat uns seitdem auch quantitativ nicht mehr verlassen. Die letzten fünfzig Jahre sind, so gesehen, die eigentlich hermeneutischen gewesen, nicht eine Krise der Hermeneutik, sondern ihr Triumph. Dazu würde die Begriffsentwicklung passen, nämlich der Sachverhalt, dass man erst seit den späten 1960er-Jahren »Philologie« und »Hermeneutik« gleichsetzen kann, wie es beispielsweise und besonders prominent bei Peter Szondi geschah, als er 1970 seinen Traktat zu den Voraussetzungen und Aufgaben der Literaturinterpretation »Über philologische Erkenntnis« nannte oder vielmehr umbenannte, denn zuerst erschienen war dieser Traktat 1962 unter dem Titel »Zur Erkenntnisproblematik in der Literaturwissenschaft«.[3] Mit anderen Worten: Erst seit man immer wieder aufs Neue von einer »Krise der Hermeneutik« sprechen konnte, womit meist eine Gefährdung der Hegemonie bestimmter Gattungsregeln der Interpretation gemeint war, kann von einer Identifizierung der Philologie mit einer Hermeneutik der Einzeltextinterpretation literarischer Texte, Autoren oder Gattungen gesprochen werden. Und Einzeltextinterpretation stellt immer auch einen Akt der Kanonisierung dar, die aufgrund der buchhändlerischen, fachbibliografischen und editorischen Zuordnung von Text und Autor eine Manifestation von Autorphilologie impliziert, egal wie sehr diese strukturelle Eigenschaft in der Diskussion des betreffenden Textes negiert wird. Um das Gewicht der Beobachtungen von Steffen Martus zu prüfen, müsste man sie durch eine Negativprobe ergänzen, nämlich durch eine Feststellung des Anteils von literaturwissenschaftlichen Publikationen, die *nicht* zur Einzelinterpretation, zur Autorphilologie oder zur Pflege der Fachgrenzen durch entsprechende Handbuchartikel und Rezensionen beitragen. Wer die Einzeltextinterpretation ganz vermeidet, kann in der Literaturwissenschaft nicht bestehen. Und auch beim Studium des Nachlasses von Literaturwissenschaftler:innen stößt man auf den wenig überraschenden Tatbestand, dass die weitaus meisten Texte und Vorarbeiten der weitaus meisten Literaturwissenschaftler sich den genannten Aufgaben widmen.

Szondis Traktat ist von 1970. Die Epoche der philologischen Literaturinterpretation hat seitdem kein Ende gefunden. Wie sind diese beiden für das heutige Rollenverständnis wichtigsten Identifizierungen entstanden – der Philologie mit einer Hermeneutik, und der Hermeneutik mit Interpretationen, die »einen einzelnen oder mehrere literarische Texte in den Mittelpunkt stellen und diese Texte ›besser verstehen‹ wollen«?[4]

Die beiden Identifizierungen sind Effekte des langen 20. Jahrhunderts und lassen sich aus didaktischen Überlegungen in zwei Entwicklungen gliedern, ohne die sie nicht existieren würden:

1. Die langfristigen Folgen der Anfängerübungen

des Literaturinterpretierens, insbesondere ihre Konsolidierung durch Literaturtheorie; sie stehen im Rahmen einer langfristigen Entwicklung, die den Baukasten der antiken Rhetorik und Poetik zu einem analytischen Werkzeugkasten umbaute und dabei die analytischen Hilfsmittel der Literaturinterpretation in Theorie-Elemente umwidmete (»Tools-to-Theory«).

2. Zugleich geschah eine fortlaufende Hybridisierung der modernen Literaturinterpretation durch philosophische Interventionen, bis zur Entstehung oder Umwandlung von Literaturtheorie in eine »Theory« philosophischer Dignität (die zum Teil auch Nicht-Philosophen zugestanden wurde) und in eine »Theorieliteratur«, die eine interessante Zwischenstellung erlangt hat: Für andere Interpreten dient sie zugleich als Primärliteratur bei Interpretationen, die sie zusammen mit literarischen Texten als Zitiergut heranziehen, und als Sekundärliteratur gegenüber den in ihnen kommentierten, meist bereits kanonisierten Werken.

Zusammengefasst: Die Hochschätzung der Literaturinterpretation als »pars pro toto«, als Grundlage und als Hauptziel der modernen Philologie steht im Kontext der Herausbildung einer interkontinentalen Debatte zur Literaturtheorie und ist eine genuin moderne Auffassung, die im frühen 20. Jahrhundert entsteht und sich nach dem Zweiten Weltkrieg durchsetzt, um erst in den letzten fünfzig Jahren jenen hermeneutischen Konsens zu erzeugen, der sie als alternativlos erscheinen lässt.

Worin besteht der gemeinsame Nenner der Gesamtentwicklung? Der Komparatist Galin Tihanov hat in seinem Buch *The Birth and Death of Literary Theory* den zentralen Wandel in der Literaturkonzeption des 20. Jahrhunderts wie folgt zusammengefasst:

> »Die literarische Romantik (*Romanticism*) vertritt den Wert und die Idee einer literarischen Autonomie fast ausschließlich in Form der dichterischen Persönlichkeit. [...] Die romantische Vorstellung des Künstlers als eines einzigartigen, ungewöhnlichen und unaufhebbar isolierten Wesens [...] übersetzte die literarische Autonomie in eine Sprache persönlicher Autonomie, die allzu oft die Gestalt einer quälenden individuellen Anstrengung verliehen bekam.«[5]
>
> »Moderne Literaturtheorie zeichnet sich dadurch aus, dass sie diese Autonomie (und die aus ihr resultierende Einzigartigkeit des literarischen Diskurses) nicht mehr in der Persönlichkeit des Schriftstellers, sondern rein sprachlich fixiert. Darin besteht gewissermaßen der Durchbruch der russischen Formalisten zur Zeit des Ersten Weltkriegs: Literatur stellt einen besonderen und zwar einen autonomen Diskurs dar, und das nicht aufgrund des Ausnahmecharakters des Schriftstellers und seines Schreibens, sondern durch die besondere Weise, wie Sprache in ihm funktioniert und zur Geltung kommt.«[6]

Die sprachliche Autonomie der Literatur erschien in Folge dieses Wechsels zugleich als Ermächtigung des Interpreten. Der eigentliche Prüfstein war nicht die Literaturgeschichte, sondern die gekonnte Einzelinterpretation. Der Autor kanonisierter und interpretierter Texte wurde in dieser neuen Konstellation abwechselnd als Hindernis oder Bündnispartner, als belächelter Kronzeuge seiner eigenen Textgenese und/oder als unverzichtbare Quellenbasis für Falsifikationen behandelt. Wie Tihanov zu Recht festhält, spielte sich die Autonomie der sprachlichen Gestaltung literarischer Texte in zunehmendem Maße jenseits einer Deutungshoheit ihrer Autoren ab. Daher verlagerte sich diese Deutungshoheit auf die professionellen Angebote der Literaturwissenschaften und in die Diskussionen ihrer Grundlagentheorie. Bereits 1958 konstatierte Elias Canetti einen »Größenwahn des Interpreten: er fühlt sich um seine Interpretation reicher als das Werk.«[7] Dieser »Größenwahn« ist seitdem weder geschrumpft noch gewachsen; sondern durch mehrere Generationen literaturtheoretischer Diskussionen ausführlich begründet und legitimiert worden.

Allerdings liegen die Voraussetzungen der Gleichsetzung von Philologie, Hermeneutik und literarischer Einzelinterpretation nicht erst in literaturtheoretischen Konzeptionen des 20. Jahrhunderts, sondern zuerst und zuletzt in einem fundamentalen Paradigmenwechsel, der sich in der Philologie des 19. Jahrhunderts ereignete und dessen Konsequenzen uns bis heute begleiten. Die literarische Hermeneutik Szondis und der Gegenwart etablierte sich im Gefolge einer langfristigen Umwälzung der primären und der sekundären Bildungseinrichtungen: der Schule als Ort der Literaturinterpretation, und der Universität, die im letzten Drittel des 19. Jahrhunderts eine Fülle wissenschaftlicher Fächer aus der Obhut der bis dahin obligatorischen Philologenausbildung entließ, und dabei in einigen philosophischen Entwürfen auch die Hermeneutik aus ihrer philologischen Unterordnung emanzipierte. Dieser Wechsel betraf nicht nur, aber mit großem Nachhall vor allem die Neuphilologien, in denen der literarischen Hermeneutik eine privilegierte Stellung verliehen wurde, in Deutschland angespornt durch eine philosophische Wissenschaftstheorie, die seit Dilthey eine erfolgreiche Abkopplung der Geisteswissenschaften vom Siegeszug der Naturwissenschaften versprach.

Meine Darstellung wird sich im ersten Teil diesem langfristig wirksamen Paradigmenwechsel der Philologie des 19. Jahrhunderts widmen, insbesondere in der seinerzeit tonangebenden deutschsprachigen Philologie, bevor sich der zweite Teil dem Prozess einer internationalen Konvergenz der Beziehungen zwischen Werkinterpretation und Literaturtheorie zuwendet, die sich bereits auf der Grundlage dieses Paradigmenwechsels abspielte und den Interpretationsboom der letzten fünfzig Jahre ermöglichte. Wo diese beiden Entwicklungen historisch ineinander übergingen, und wo sie noch heute die Konvergenz von Hermeneutik, Einzelinterpretation und Neuphilologie erzeugen, dort liegt *Deutland*.

Erster Teil: Das Ende der Höheren Kritik

»Wenn in der Praxis die Einheit preisgegeben scheint, weil die Fächer des Philologen im engern Sinn sich zu scheiden pflegen, so ist das nicht sachlich begründet, sondern es ist diese Trennung unvermeidlich allein wegen der Grenzen, die der Spannweite unseres Geistes normalerweise gezogen sind. Trotzdem ist jeder Philologe verpflichtet, dem Übelstande der Trennung nach dem Maße seiner Begabung, soweit es nur irgend möglich ist, entgegenzuarbeiten.«

(Otto Immisch (1909), *Wie studiert man klassische Philologie?*)

(1.) Paradigmen der Philologie

Die Gleichsetzungen von Hermeneutik, Einzelinterpretation und Philologie bestimmen einen Großteil der neuphilologischen Vorhaben und Publikationen, und es stellt sich die Frage einer Revision. Es handelt sich um die gemeinsame Welt der heutigen Literaturwissenschaften und ihrer Sozialisation. Seit wann existiert diese Welt? Wenn die gekonnte Literaturinterpretation kanonisierter Texte heutzutage das hermeneutische Genre »par excellence« ist, lässt sich durch eine von Steffen Martus erstellte Statistik eine erstaunliche Steigerung feststellen, die keineswegs nur quantitativer Natur ist:

Die Literaturwissenschaft ist allem Anschein nach so hermeneutisch wie noch nie zuvor, und dazu haben allem Anschein nach auch die scheinbaren Angriffe auf eine angebliche Hegemonie der Hermeneutik beigetragen. Man könnte auch von einer Pfadabhängigkeit der literaturwissenschaftlichen Ausbildung sprechen, deren Voraussetzungen in den oben kurz umrissenen Entwicklungen liegen: Egal was Literaturwissenschaftler:innen sonst noch unternehmen und publizieren, dieses Genre gehört auf jeden Fall zu ihrem Kerngeschäft, ein Genre, auf das man sich immer zurückfallen lassen kann, und ohne dessen Ausübung man kaum Literaturwissenschaftler:in genannt werden kann. Die Literaturinterpretation von

Einzeltexten durch Einzeltexte ist zur »default option« der Neuphilologien geworden, zum Nachteil anderer philologischer Gattungen und Aufgaben. Diese quantitative Steigerung führt zugleich dazu, dass sich die Konkurrenz der Interpretationen so sehr verstärkt hat, dass sie in vielen thematischen Feldern in Stillhalteabkommen und Nichtangriffspakte zu münden scheint: in eine Anerkennung der Gleichwertigkeit und Indifferenz der vorgelegten Interpretationen. Das Rezensionswesen hat darunter mehr als alle anderen wissenschaftlichen Genres gelitten.

Dieser Zustand, der vor allem die Neuphilologien betrifft, aber nicht nur diese, verlangt eine Anamnese, und sei es in Form schlaglichtartiger Vergleiche von »damals« und »heute« oder von »damals« und »ehedem«. Es geht um die Erinnerung daran, dass die moderne Philologie durch die Dominanz zweier unterschiedlicher Leitbilder ausgezeichnet war, und in gewissem Sinne noch ist. Vom gesamten 18. bis ins späte 19. Jahrhundert lag das höchste Prestige eines Philologen in der virtuosen Ausübung seines textkritischen und quellenkritischen Wissens und Könnens.[8] Vordringlichstes Ziel der philologischen Erkenntnis war die Unterscheidung der authentischen von der nicht-authentischen Überlieferung, die spekulative Rekonstruktion der authentischen Gestalt von Texten auch auf der Grundlage vorauszusetzender mündlicher Überlieferung, aber auch die historische Quellenkritik als »Normalform« der Historisierung, unter Berücksichtigung einer fortlaufenden Abstufung des gewonnenen Wissens nach Plausibilitätsgraden. Historisierung wurde als eine philologische

Aufgabe verstanden, Historiker waren ausgebildete Philologen. Hermeneutik war ein Teil dieses Könnens, aber gefordert waren im Rahmen der Textkritik gleichermaßen historische und linguistische und zum Teil auch archäologische und ethnografische Kenntnisse, Fertigkeiten und Rekonstruktionen. Diese philologischen Fähigkeiten und Aufgaben wurden lange Zeit als Einheit, oder, wenn dieses Wort zu stark erscheint, als Kontinuum verstanden, dessen anspruchsvollste und prestigeträchtigste Aufgabe im editionskritischen und quellenkritischen Konstruieren kanonischer Texte lag – bei vollem Bewusstsein, wie wenige der Konjekturen und Rekonstruktionen der Kritik anderer Philologen standhalten und sich schlussendlich bewähren würden. Es gab keine Notwendigkeit, eine Spezialisierung als disziplinäre Selbstrekrutierung zu verstehen oder umgekehrt. Erst im späten 19. Jahrhundert entstanden aus den unterschiedlichen Anwendungen der Philologie die heutigen kulturwissenschaftlichen Fachdisziplinen, die zwischen Geschichte und Sprachgeschichte, Textkritik und Archäologie, Altphilologien und Neuphilologien, Sprachwissenschaft und Literaturwissenschaft unterschieden. In diesem Zeitraum wurden die Philosophischen Fakultäten neu geordnet und es entstanden vonseiten der zwischenzeitlich an den Rand gedrängten Philosophie mehrere wissenschaftstheoretische Vorschläge zur Neuordnung der universitären Fachdisziplinen, unter anderem der Vorschlag einer Abkopplung und Aufwertung der Hermeneutik zur Begründung einer Abspaltung der »Geisteswissenschaften« von allen anderen und insbesondere von den »Naturwissenschaften«, die ursprünglich ebenfalls in der Philosophischen Fakultät beheimatet gewesen waren und jetzt dank ihres Erfolgs eigene Fakultäten und Technische Hochschulen bildeten. Solange die Philologie sich im 19. Jahrhundert am Leitbild der »Höheren Kritik« orientierte, erschien sie als unbezweifelter Teil und als Pionierarbeit der wissenschaftlichen Rationalität des 19. Jahrhunderts, und zwar als jene Pionierarbeit, aus deren Monografien die modernen kulturwissenschaftlichen Spezialisierungen hervorgehen konnten. Diese Auffassung der freien wissenschaftlichen Themenwahl galt auch im späten 19. Jahrhundert, und zwar auch und gerade bei den Gründerfiguren der philologischen oder – in diesem Sinne – »post-philologischen« Fachdisziplinen (z. B. de Saussure, Lachmann, Mommsen, Frazer, Boas, Warburg). Auch diese Gründerfiguren orientierten sich am Leitbild der Höheren Kritik, unter dessen Ägide sie sozialisiert worden waren.

Alle bis hierhin genannten Bedingungen wurden von der hermeneutischen Wende des späten 19. Jahrhunderts infrage gestellt – oder, wenn man die Angelegenheit anders interpretiert: Die genannten Bedingungen wurden so infrage gestellt, dass sie einen Paradigmenwechsel ermöglichten. Das Konzept der »Geisteswissenschaften« versprach eine besondere Erkenntnisform, die sich nur noch zum Teil an der Philologie orientierte und eine zutreffende Beschreibung der philologischen Arbeit erschwerte. Das verlockende Angebot einer Privilegierung der Geisteswissenschaften als Ausdruck einer besonderen hermeneutischen Erkenntnisform manövrierte die

Philologie innerhalb weniger Jahrzehnte in eine zweischneidige Position, die weder durch philosophische Reflexion noch durch praktische Erfolge kompensiert werden konnte. Was der modernen philosophischen Hermeneutik fehlt, ist das, was sie in ihren drei Etappen und ihren drei Protagonisten (Dilthey, Heidegger, Gadamer) immer wieder lauthals reklamierte: eine praktische und theoretische Kontinuität mit der abendländischen Tradition. Diese Kontinuität war im Leitbild der Höheren Kritik ein selbstbewusster Teil der philologischen Genealogie gewesen und wurde durch die philosophischen Entwürfe der geisteswissenschaftlichen »Hermeneutik« außer Kraft gesetzt.

Dennoch setzte sich das hermeneutische Paradigma im Selbstverständnis der philologischen Disziplinen durch, und zwar so sehr, dass ihre Vorgeschichte bereits in der Zwischenkriegszeit mithilfe hermeneutischer Erkenntnisfiguren begründet wurde. Das Leitbild der »Höheren Kritik« blieb in Deutschland auf das lange 19. Jahrhundert beschränkt: grob gesprochen, von Eichhorn und Wolf bis zum Babel-Bibel-Streit. Der Niedergang begann mit dem Kaiserreich und der Spezialisierung wissenschaftlicher Disziplinen. Die Abkopplung und philosophische Überforderung der Hermeneutik wurden zum Nukleus der Krise, die sie zu bewältigen meinte. Ihr Seitenprodukt ist die Aufwertung der Literaturinterpretation. Bereits bei Dilthey lässt sich beobachten, dass der theoretische Entwurf der Geisteswissenschaften und die Form der philosophisch überhöhten Literaturinterpretation sich wechselseitig entgrenzen. Dabei ist es geblieben. Das

Gewicht der hermeneutischen Begründungsform ist aufseiten der Literaturinterpretation nur selten infrage gestellt worden, außer durch Strömungen, die sich wiederum einer vertieften Entgrenzung von Theorie und Interpretation widmeten. In diesem Punkt könnte man daher fast von einer »Tradition« des langen 20. Jahrhunderts sprechen, der wir weiterhin angehören. Wie ist sie entstanden?

Die historische Betrachtung der Philologie des langen 19. Jahrhunderts wird auch heute (i.) von der Dominanz des hermeneutischen Leitbilds geprägt und verzerrt. Die Verzerrung entsteht auch dadurch, dass sich (ii.) in der Forschungsliteratur vor allem die Fachdisziplinen mit ihrer eigenen Geschichte beschäftigen, und dass die meisten Untersuchungen, die das nicht tun, sich (iii.) an der Philosophiegeschichte oder gar, wie bereits Dilthey, an einer freihändig konstruierten Metaphysik-Geschichte orientieren. Alle drei Schlagseiten führen einzeln und kombiniert in die Irre. Erst durch eine rigorose Historisierung und Symmetrisierung der Betrachtung beider Leitbilder könnte die Verzerrung der historischen Betrachtung aufgehoben werden, was allerdings eine Darstellung »in utramque partem« voraussetzen würde, das heißt insbesondere die Fähigkeit, das spätere Leitbild von der Warte des älteren aus zu beurteilen. Selbst wenn dies gelingen sollte, bleibt in jeder entsprechenden Darstellung ein Unterschied der Sozialisation in Rechnung zu stellen, über den wir uns nicht mehr hinwegsetzen können: Die Philologie der Höheren Kritik war an keine Fachdisziplin gebunden; die hermeneutischen Philologien setzen deren Existenz voraus.

Hinter dieser Tatsache verbirgt sich ein bis heute weitgehend unbekanntes Muster. Wie der Soziologe Jacob Habinek dargestellt hat, fällt die Bildung fachwissenschaftlich beglaubigter Disziplinen in die Periode der Konsolidierung europäischer Nationalstaaten.[9] Die Korrelation zwischen diesen beiden Vorgängen verweist auf eine Vielzahl von Faktoren:

Nationalstaaten haben ein vermehrtes Interesse daran zu wissen, welche Leistungen sie von ihren Wissenschaftlern erwarten können; die Lehrerausbildung wird an die Universitäten verlagert und verlangt Curricula und zuständige Expertise; Nationalphilologien übernehmen einige Dienstleistungen für nationalstaatliche Aufgaben und verweigern sich anderen; der Nationalstaat schafft einen Binnenmarkt und Technische Hochschulen zur Förderung der Industrie; und einige andere mehr. Aus sozialanthropologischer Sicht sollte man den gemeinsamen Nenner zwischen den beiden Sozialisationstypen nicht vergessen, auch wenn er zuerst metaphorisch wirkt. Nationalstaaten und Fachdisziplinen *ethnisieren* ihre Angehörigen. Das heißt: Beide modernen Organisationsformen verstehen sich zugleich als Reproduktionsgemeinschaften und ziehen Grenzen der Zugehörigkeit und der Selbstrekrutierung (der Staatsbürgerschaft bzw. der Fachzugehörigkeit durch fachspezifische Zeitschriften, Kongresse, Bibliografien, Lehrstühle). Die sozialen Organisationen und Selbstauffassungen der beiden Ethnisierungen sind allerdings nur zum Teil kompatibel. Wissenschaftler besitzen gegenüber anderen Wissenschaftlern eine starke Tendenz zur Segmentierung und Akephalie und sind im Rahmen dieser

Akephalie Teil von unterschiedlichen (und zum Teil internationalen) Patronage-Netzwerken und Publikationsöffentlichkeiten; als Beamte und Angestellte ihrer Universitäten sind sie hingegen Teil eines Verwaltungsapparats und ihrer Nationalstaaten, und zwar so sehr, dass sie als »public intellectuals« neben ihrer fachwissenschaftlichen (und internationalen) zugleich einer nationalstaatlichen Öffentlichkeit zugeordnet werden (eine Doppelrolle, in der sich die erwähnte doppelte Ethnisierung niederschlägt).

Eine historisch angemessene und systematisch gestaltete Darstellung dieser Vorgänge, und sei es nur für den Teilbereich der Disziplinen, die aus der Philologie hervorgegangen sind, ginge weit über meine Kräfte und Kenntnisse. Was folgt, ist daher eher eine Art Spurensuche nach Elementen, deren Berücksichtigung eine Symmetrie der Betrachtung zwischen Hermeneutik und Kritik ermöglichen würde. Wenn ich die Form der angestrebten Anamnese »schlaglichtartig« genannt habe, so deshalb, weil das von mir gewählte Verfahren dem einer Taschenlampe entspricht, die einen dunklen Wald nur so weit ausleuchtet, dass der einmal eingeschlagene Pfad nicht mehr verloren geht. Wie der Wald selbst zu kartografieren wäre, bleibt bis auf diesen Pfad und das schwache Licht der Taschenlampe, das mehr Schatten wirft, als es zerstreuen kann, offen.

(2.) Die Höhere Kritik aus Sicht der Hermeneutik

Im Mittelpunkt der Philologie standen bis ins letzte Drittel des 19. Jahrhunderts kritische Tätigkeiten: textkritische und tatsachenkritische, unterschieden als Niedere Kritik und Höhere Kritik. Als die Philologie eine Formation innerhalb der europäischen Weltmachtstellung darstellte, als die philologischen Tätigkeiten Teil dieser Weltmacht waren, man kann auch sagen: Als die Philologie selbst eine Weltmacht war, war es vor allem die »Höhere Kritik«, die als Mitgestalterin der modernen Welt anerkannt und diskutiert wurde. Sie hieß nicht »Hermeneutik« und sie war kein Privileg der deutschen Universitäten, allerdings wurde sie einhundert Jahre von Forschungen an deutschen Universitäten geprägt, und zwar nicht nur in der Altphilologie, sondern auch in den Wechselwirkungen zwischen Bibelkritik (Eichhorn), Altphilologie (Wolf) und antiker Geschichte (Niebuhr), mit Varianten in allen angrenzenden Philologien (etwa in den Orientalistiken) und Neuphilologien (Lachmann). Das Paradigma der Höheren Kritik eröffnete sowohl einen Raum historischen oder »realphilologischen« Wissens als auch einen Raum der kritischen Rekonstruktion von Textstufen und Sprachstufen, der die höheren Fakultäten der Theologie und Jurisprudenz ebenso in Mitleidenschaft zog, wie er vor allem wiederum im letzten Drittel des 19. Jahrhunderts die Bildung neuer Fächer durch Spezialisierungen und neugewonnene Lehrstühle, etwa der Linguistik, oder in Folge der Bibelkritik: der Religionswissenschaft und Ethnologie auslöste.

Die »Höhere Kritik« kannte seit den Fragestellungen um F. A. Wolfs »Prolegomena« keine Hemmschwellen bei der Rekonstruktion mündlichen Wissens oder der Überführung mündlichen Wissens in schriftliche Korpora. Im Gegenteil, je länger die Bibelkritik des 19. Jahrhunderts sich mit den möglichen jüdischen und heidnischen Genealogien der christlichen Überlieferungen beschäftigte, desto mehr vertiefte sich das philologische und religionsvergleichende, archäologische und ethnografische Wissen über außereuropäische Sitten und Gebräuche, mit der Folge, dass es Theologen und Altphilologen waren, die das religionsvergleichende Wissen zwischen antiken Überlieferungen und ethnografischen Quellen von den Rändern europäischer Imperien professionalisierten und damit einen Grundstein für das Entstehen der Ethnologie bzw. »Social Anthropology« oder »Cultural Anthropology«, aber auch der internationalen Folkloristik legten. Seit man Sitten und Gebräuche der Antike und deren mündliche Korpora wie Sprichwörter, Fabeln und andere Überlieferungen mit der Gegenwart mündlicher Überlieferungen vergleichen konnte, ließen sich auch neue mündliche Korpora verschriftlichen und auf ein jeweiliges »Alterthum« der Überlieferung beziehen. Und diese neuen Korpora ermöglichten wiederum eine andere Sicht auf die Überlieferungen der Antike. Im Rahmen der Höheren Kritik nahm der Rekurs auf europäisch-außereuropäische Parallelen – oder eher »Diagonalen« – im Laufe des 19. Jahrhunderts in einigen Gebieten unaufhörlich zu, von Niebuhrs Rekurs auf Kalendersysteme der Azteken zur Klärung archaischer römischer Jahreszählungen über Bachofens »Antiquarische Briefe« bis zur »Encyclopedia of Religion and Ethics«, dem monumentalen Abschluss einer Epoche, in der Gelehrte, deren Schulbildung fließend in ein textkritisches Studium der gesamten antiken Überlieferung mündete, sich mit den aus aller Welt eintreffenden Überlieferungen außereuropäischer Rituale und Mythologien auseinandersetzen konnten, einer Epoche, die schon deshalb unwiederholbar ist, weil die Textmenge der eintreffenden außereuropäischen Texte bis 1914 von einer Größenordnung war, die auch Einzelwissenschaftler hofften bewältigen zu können, und weil es keine entsprechende altphilologische Grundausbildung mehr geben kann, die einen ebenso ehrgeizigen komparatistischen Anspruch formulieren und für mehrere Generationen praktikabel machen könnte. Wir sind im Guten wie im Schlechten die Erben dieser Komparatistik und ihrer Kategorien, die wir aufgrund ihrer weiten Verbreitung nur mit viel Mühe durch genauere Entwürfe ersetzen können, bevor uns die nächste terminologische Mode eine unverhohlene Wiederholung viktorianischer Begriffe und Vorstellungen anbietet.[10]

Alle diese gelehrten Praktiken hatten eine jahrhundertelange Vorgeschichte seit der Renaissance. Das Erstaunliche am Erfolg der Philologie des 19. Jahrhunderts und an ihrer wissenschaftlichen Hegemonie im Bereich aller Nicht-Naturwissenschaften liegt weder in ihrer für Philosophen seinerzeit schwer erträglichen Dominanz noch in den Erkenntnisleistungen (und Erkenntnisblockaden), die sie bis heute hervorgebracht hat, sondern im Zusammenbruch dieses Paradigmas gegen Ende des 19. Jahrhunderts (insbesondere in

Deutschland, dem zwischenzeitlichen Pionierland der Höheren Kritik). Erst dieser Zusammenbruch war der endgültige Bruch der Philologien mit der Frühen Neuzeit, wenn nicht sogar mit der Antike.

Vielleicht ist »Zusammenbruch« allerdings ein ungenaues Wort. Wenn man im Sinne der älteren Wissenschaftstheorie Thomas Kuhns nach wissenschaftlichen Revolutionen und ihren »Paradigmen«[11] sucht, dann ist die Geschichte der modernen Philologie zweigeteilt: Die Modernisierung der Philologie und ihre Ausrichtung an Forschung fand zuerst in einer Periode statt, die sich durch die Hegemonie und eine Radikalisierung des Paradigmas der »Höheren Kritik« auszeichnete, und die erst später in eine Periode der »Hermeneutik« überging, insbesondere durch die Ablösung der im frühen 19. Jahrhundert dominierenden Altphilologie durch jeweilige Nationalphilologien und Neuphilologien zur Jahrhundertwende – und als Trostpflaster das Postulat einer »Komparatistik« bereithielt, die sich vom Status einer Kompensationsmaßnahme nie erholen sollte. Das lange 19. Jahrhundert der »Höheren Kritik« beruhte auf Bedingungen, die nicht die unseren sind, aber erst in der Moderne entstanden waren. Durch die historische Fusion zwischen Textkritik und Antiquarianismus waren in der Philologie des 19. Jahrhunderts Sachwissen und Sprachwissen, das heißt die Kenntnisse der materiellen und der textuellen Träger der Überlieferung, und die Rekonstruktion mündlicher Quellen schriftlicher Überlieferungen als philologische Forschungsmittel gleichermaßen anerkannt. Dieser Einbezug der mündlichen und materiellen Zeugnisse und Konjekturalgrößen wurde allerdings nicht als Anwendungsfeld der Hermeneutik, sondern als Erweiterung der textkritischen Vermögen gesehen und fiel damit insgesamt unter die Jurisdiktion der »Höheren Kritik«. Diese Konstellationen, wie überhaupt die Tragweite dieses Begriffs, erscheinen heute entweder als unverständlich oder als arbiträr.

Aus der Perspektive des Renaissance-Humanismus bildet das 19. Jahrhundert (wie in vielen anderen Wissensgebieten) einen ebenso triumphalen wie ambivalenten Abschluss der Frühen Neuzeit. Man könnte auch sagen, das 19. Jahrhundert verwirklicht viele, wenn nicht die meisten hartnäckig gehegten Wünsche und Programmatiken, die der Humanismus und der Antiquarianismus und vor allem ihre späte Fusion in die Welt gesetzt hatten. Was vom 20. Jahrhundert aus gesehen wie eine »Auflösung« aussieht, erschien aus dem Vorlauf des 18. Jahrhundert heraus gesehen eher als eine »Einlösung« aller Versprechen der antiken und neuzeitlichen Philologie.

Diese »Einlösung« und/oder »Auflösung« und/oder »Spezialisierung« der alles umfassenden Philologie, die aus der Frühen Neuzeit stammte und in deutschen Universitäten für einhundert Jahre als Forschungsparadigma radikalisiert wurde, hatte mit dem langen 19. Jahrhundert ein Ende, was sich auch an ganz unterschiedlichen Selbstdarstellungen von Philologen des 20. Jahrhunderts ablesen lässt. Für den Paradigmenwandel sind diese Selbstdarstellungen das aufschlussreichste Zeugnis, weil sie nachweisen, wie früh das Vergessen der ersten Phase der modernen Philologie eingesetzt haben muss. Die Philologie des 19. Jahrhunderts war bereits den Zeitgenossen der Zwischenkriegszeit fremd und zum Teil auch unverständlich geworden. Studiert man etwa das Korpus eines der mittlerweile international berühmtesten Romanisten der Zwischenkriegsgeneration, Erich Auerbachs, so finden sich prinzipiell zwei Arten der Methodendiskussion. Zum einen legitimiert Auerbach die eigene Arbeit durch Passagen, in denen der Autor insbesondere die von ihm gewählte Methode der exemplarischen Detaillektüre verteidigt, und zwar mithilfe von Argumenten, die an Karl Mannheims Begründung einer »dokumentarischen Methode« durch den »Dokumentsinn« erinnern.[12] Zum anderen entwirft Auerbach eine ideale Form der Philologie, deren Begründung er immer wieder als sein Vermächtnis exponiert, und die er implizit mit seiner eigenen Arbeit, zumindest der in *Mimesis* als einer monografischen Serie von Untersuchungen zur Tradition des Abendlands, identifiziert. Man könnte sie eine »Höhere Kritik« nennen, bis auf den Umstand, dass sie im Wesentlichen aus abgewandelten theologischen Motiven besteht (insbesondere einer »sygkatabasis« oder »condescensio« des trinitarischen Gottes), deren Verbindung mit dem Thema der poetischen »mimesis« weder Theologen noch Literaturhistoriker ganz befriedigt hat. Gleichwohl ist diese Verbindung der rote Faden, der bei Auerbach die Rekonstruktion einer abendländischen Tradition des deskriptiven »Realismus« zusammenhält und ihm erlaubt, christliche, jüdische, pagane und profane Überlieferungen als Serie zu behandeln. Ob es sich um eine Tradition handelt oder nur um eine heuristische Serie, kann aufgrund der »dokumentarischen Methode« offenbleiben. Die Vergleiche bleiben so oder so erhellend genug. Diese hermeneutische Komparatistik ist für Auerbach zweifelsohne die höchste Philologie, die ihm persönlich erreichbar erscheint, und integrierte durch ihre reflexive Kommentierung alle seine Schriften zu einem literarischen Gesamtwerk. Sie wird von Auerbach fortlaufend mit Vicos *Neuer Wissenschaft* konfrontiert, die Auerbach sowohl übersetzt hat als auch in einer Reihe von Aufsätzen in ihren Konsequenzen für Wissenschaft, Literaturkritik und Philologie exponierte. Aber diese Philologie scheint für Auerbach höchstens in Ansätzen verwirklicht.

In unserem Zusammenhang stellt sich die Frage, ob Auerbach die Begriffe Vicos tatsächlich in ihrer historischen Tragweite verstanden hat, oder, wenn er sie verstanden hat, ob er dieses Verständnis auch seinen Lesern nahegebracht hat. Zum Beispiel den Begriff der »Kritik« oder »Kunst der Kritik«:

> »Seine Methode ist die Interpretation der Mythen, der ältesten Sprach- und Rechtsdenkmäler und der frühesten Dichtungen. Es ist die ›nuova arte critica sopra gli autori delle nazioni medesime‹, wie er es am liebsten nennt: eine neue kritische Kunst die ihren Gegenstand bei den ›Urhebern der Völker selbst‹ findet, also bei den ältesten Denkmälern menschlichen Lebens, die Vico zugänglich waren […]. Eine neue kritische Kunst; das ist wiederum ein ganz allgemeiner Ausdruck; aber er gibt doch einen Anhaltspunkt für die Einordnung. Um so deutlicher, als Vico immer wieder sagt, bei

ihm werde die neue kritische Kunst an den ersten Urhebern der Völker geübt, und nicht, wie bei den übrigen Gelehrten, an den *scrittori*, den Schriftstellern, denn diese seien erst Tausende von Jahren nach jenen aufgetreten«.[13]

»Aus der Angabe, womit sich die kritische Kunst diesmal nicht beschäftigen soll, erfahren wir genau, was sie ist; denn die gelehrte Kritik an den Schriftstellen nennen wir Auslegung, Hermeneutik, und sie ist ein Teil der Philologie.«[14]

Diese Gleichsetzung von Hermeneutik und Kritik nivelliert Vicos Terminologie, und nicht nur diese. »Kritik« ist auch bei Vico nicht »Hermeneutik« gewesen, sondern die Fähigkeit, die authentische von der nicht-authentischen Überlieferung zu scheiden. Die »neue kritische Kunst« Vicos versucht, die gemeinsame mentale Sprache der Menschheit aus den Trümmern der Überlieferung zu rekonstruieren, die insbesondere in den Sprichwörtern und idiomatischen Wendungen der Sprachen und ihren ersten Urhebern zu finden sei. Das Vokabular dieser Sprache liegt nirgendwo vor, sondern muss erst erschlossen werden. Vicos Begriff der »Philologie« richtet sich auf alles, was im 20. Jahrhundert »Kultur« heißt, das heißt, was vom menschlichen Willen und dessen Folgen eingerichtet wurde und wird: »Die Philologie … das ist die Lehre von all den Dingen, die vom menschlichen Willen abhängen, wie Geschichte der Sprachen, Sitten, Taten der Menschen …« Das Kriterium ist die »autorita dell'umano arbitrio«.[15]

Vicos kritische Kunst sucht, wie zitiert, ihren Gegenstand bei »den Urhebern der Völker selbst«, als »nuova arte critica sopra gli autori delle nazioni medesime«.[16] Hermeneutik ist dazu nicht fähig, denn sie richtet sich auf schon vorhandene oder restituierte Texte der »scrittori« (s. o.); die »neue kritische Kunst« hingegen geht zu den »ersten Urhebern« zurück und erschließt das authentische Vokabular nicht schriftlich verfasster Zeiten. Die »neue kritische Kunst« Vicos ist eine klassische Spielart dessen, was im deutschen 19. Jahrhundert als »Höhere Kritik« verwirklicht worden ist, ein Ausdruck, den Auerbach entweder schlicht nicht mehr versteht oder als obsolet erachtet, dem Leser nicht mehr zumuten will oder bewusst zugunsten der allumfassend gedachten »Hermeneutik« vertauscht. Jedenfalls geht es bei der von Auerbach bei Vico benannten Zielsetzung der »Kritik« um einschlägige philologische, und das heißt textkritische und sachkritische Verfahren, insbesondere etymologische Konjekturen. Wenn man alle diese Verfahren »Hermeneutik« nennt, hat man das philologische 19. Jahrhundert bereits vergessen oder zumindest terminologisch bis zur Unkenntlichkeit planiert.

Der gesamte Vico-Kult des 20. Jahrhunderts scheint eine Art Deckerinnerung gewesen zu sein, und das nicht nur bei Auerbach. Es ist ohnehin immer etwas mysteriös geblieben, warum die philosophische Theoriebildung eines Rhetorikprofessors aus Neapel, die so gut wie keine direkten Folgen in den Wissenschaften und in der Philosophie seines Jahrhunderts hatte und von den Theoretikern und Philosophen, die ihm am verwandtesten erscheinen, nicht gelesen wurde, eine derartig bedeutende Rolle in der Selbstverständigung der Humanwissenschaften des 20. Jahrhunderts spielen konnte, wie man sie Vico immer wieder zugestanden hat. Aber das Mysterium der Vico-Rezeption, die affektive Bindung, die er bei ganz unterschiedlichen Leuten im 20. Jahrhundert auslöste und im 21. weiterhin auslöst, hat möglicherweise eine einfache Lösung und Erklärung. Vico ist keine Chiffre für eine utopische Kulturwissenschaft, in der alle philologischen Tätigkeiten noch einmal vereint wären, sondern diese philologische Kulturwissenschaft hatte bereits stattgefunden, und zwar im langen 19. Jahrhundert. Alle Tätigkeiten, die Vico beschreibt, haben im 19. Jahrhundert im Rahmen der Philologien ihre Wirkung entfaltet, und dort bildeten sie ein gemeinsames Feld von Zielsetzungen: Ethnologie, Folkloristik, Volkskunde, Religionswissenschaft, Mediengeschichte (unter anderem in den historischen Hilfswissenschaften der Diplomatik und Numismatik); sie gehörten der Philologie an und wurden von ihr erst spät als eigenständige Disziplinen entbunden.[17]

Die vicosche Philologie ist keine Utopie gewesen, sondern die Philologie, die Vico aus der antiquarianischen Tradition extrapolierte, wurde im 19. Jahrhundert ohne Vicos Zutun die gemeinsame philologische Vergangenheit vor der Herausbildung der Fachdisziplinen. Und weil diese kulturwissenschaftliche Philologie die Matrix unserer Kultur- und Geisteswissenschaften war, erscheint sie zugleich als ein uneingelöstes Versprechen auf eine Zukunft, in der diese Matrix erneut als eine einheitliche Matrix zur Geltung kommen könnte – wenn die zwischenzeitlich eingetretene Arbeitsteilung dies nicht verhindern würde. Diese Fata Morgana entsteht aus der Spannung zwischen einer Betrachtung von Vicos frühem 18. Jahrhundert – denn zu jener Zeit war diese »Neue Wissenschaft« noch nicht mit modernen historischen und philologischen Methoden ausgestattet worden – und der fachwissenschaftlichen Konstellation nach 1914 – denn in der Folge des 19. Jahrhunderts hatte sich die philologische Matrix bereits in die meisten uns heute geläufigen Fachdisziplinen aufgespalten und konnte sich daher nur noch als »interdisziplinäre« Forschung re-etablieren.

Der »Vico-Komplex« des 20. Jahrhunderts ist für Geistes- und Sozialwissenschaftler vor allem diese Deckerinnerung geblieben: an das, was wir unverlierbar gemeinsam, und was wir gemeinsam verloren haben. Daher der immer wieder sentimentale und nostalgische Bezug auf die krausen und unausgegorenen Passagen des Autors Vico, dem von seinen Sekundärliteraten alles verziehen und alles an Tugenden zugeschrieben wird, was man anderen philosophischen Autoren nicht ohne Weiteres zugestehen würde und den Philologen des 18. und 19. Jahrhunderts offensichtlich nicht zugestehen will, und zwar nicht deshalb, weil die modernen Wissenschaften dem Schaffen Vicos und ihrer Wirkungsgeschichte irgendetwas Unverzichtbares verdanken oder schulden, sondern im Gegenteil: weil er an unseren disziplinären Weichenstellungen weder partizipierte noch eine tragende Rolle für irgendeine wissenschaftliche Entwicklung spielte, aber, wenn es so gewesen wäre, die Welt zweifelsohne bereichert hätte. Und ist das nicht wundervoll, im Wissenschaftssystem eine solche chimärische Kanonisierung und ein solches, von Empirie unbelastetes Geschenk vorzufinden? Angesichts der Philologie des 19. Jahrhunderts ist der philologische wie der philosophische Vico-Kult vor allem der gewaltige Konjunktiv und – leider muss auch das konstatiert werden – eine zutrauliche Verniedlichung geworden: einer wissenschaftlichen Weltmacht, die bei ihrem Erscheinen immer wieder Angst und Schrecken, Verblüffung und Empörung auslöste.

An dieser Stelle muss eine kurze Notiz genügen: zur Erinnerung daran, dass die Durchsetzung der (deutschen) Höheren Kritik auch und gerade in den liberalen westlichen Ländern für eine tiefgreifende Beunruhigung und eine Kaskade von Abwehrmaßnahmen sorgte (wie von George Eliot in *Middlemarch* vorgeführt, dem Gesellschaftsroman zur englischen Rezeption der Höheren Bibelkritik), und insbesondere in den protestantischen Kirchen der USA eine lange Zerreißprobe zwischen historischer Methode und dogmatischer Abwehr verursachte, die als der wichtigste Entstehungsherd jener tiefgreifenden kulturellen Spaltung gelten kann, aus der die aktuellen politischen und kulturellen Polarisierungen der USA hervorgegangen sind. Ein Schwelbrand, der bis heute kein Ende gefunden hat, bis zu dem Umstand, dass man der dogmatischen Abwehr der Höheren Kritik in nordamerikanischen Streitschriften mit dem Titel »The Fundamentals« die Bezeichnung eines Typs religiöser Entwicklungen verdankt, dessen Virulenz die politische Dynamik religiöser Gruppen im 20. und 21. Jahrhundert geprägt hat und noch prägt. Die Konsequenzen der Höheren Kritik sind in der Moderne zu teils expliziten, teils untergründigen weltpolitischen Faktoren geworden.

Um es noch deutlicher zu sagen: Die Spaltung des Protestantismus, die aus der Abwehr der Höheren Kritik hervorgegangen ist, hatte und hat Folgen, die uns alle und das Schicksal des Planeten betreffen, etwa durch die jahrzehntelange Leugnung des weltweiten Klimawandels oder durch die apokalyptisch motivierte Unterstützung der Besatzungspolitik in Israel. Für die Protagonisten der Höheren Kritik steckten Gott und Teufel im historischen Detail; für die Verächter der Höheren Kritik gibt es keine solchen Details, sondern nur den schlichten Sinn wörtlich genommener Übersetzungen, und in jedem heiligen Wort die ahistorische Offenbarung Gottes.

(3.) Die Abkopplung der Hermeneutik

Vicos Philologie ist ungefähr 100 Jahre lang, zwischen 1770 und 1870, auf dem Scheitelpunkt der deutschen Forschungsuniversität, mit großem Erfolg verwirklicht worden, ohne dass ein Bezug auf Vico dabei eine große Rolle spielte oder spielen konnte: in der ersten oder »kulturheroischen« Phase der modernen Philologie, die von der Verwirklichung der »Höheren Kritik« geprägt war. Und weil diese Philologie allem Anschein nach ohne seine Mithilfe verwirklicht wurde, erschien Vico im 20. Jahrhundert als Visionär der perennierenden Gegenwart einer Vergangenheit, die für ihn und sein Werk nie stattgefunden hatte. Dementsprechend schreibt Karl Löwith 1948 aus philosophiehistorischer Perspektive (die sich allerdings in diesem Fall mit der bereits umrissenen philologiehistorischen gut ergänzt):

> »Die Scienza Nuova erschien in erster Auflage 1725, in ihrer vollständigen Fassung 1730 und in einer neu durchgesehenen 1744, also [...] fast zwei Jahrhunderte, ehe sie wiederentdeckt und als der erste Schritt zu einer Philosophie der Geschichte wiederentdeckt wurde. [...] Sie nimmt nicht nur grundlegende Gedanken Herders und Hegels, Diltheys und Spenglers vorweg, sondern auch die besonderen Entdeckungen Niebuhrs und Mommsens im Bereich der römischen Geschichte, die Theorie Wolfs über Homer, die Interpretation der Mythologie durch Bachofen, die Rekonstruktion des antiken Lebens durch die Grimm'sche Etymologie und die historische Auffassung des Rechts von Savigny, die *Cité Antique* von Fustel de Coulanges und die Klassenkampflehre von Marx und Sorel.«[18]

Dieser Passus Löwiths versammelt im Prinzip alle entscheidenden »Durchbrüche« oder Siegeszüge der deutschen »Höheren Kritik« des späten 18. und frühen 19. Jahrhunderts, bis auf den Ausgangspunkt in der Bibelkritik Eichhorns, den Erfolg der Leben-Jesu-Forschung, oder etwa die Übertragung des Wolf'schen Paradigmas durch Karl Lachmann. Außerdem bleibt zu erwähnen, dass weder der Klassenkampf noch die Ideologiekritik des Marxismus ohne Niebuhrs Rekonstruktion des Klassenkampfes zwischen Patriziern und Plebejern und seiner Folgen für die Überlieferung der Römischen Frühgeschichte denkbar gewesen wären. Was sich an dieser Auflistung klar erkennen lässt, ist der Reiz, den Vicos Schriften aufgrund ihrer Amalgamierung von philosophischen und philologischen Ansprüchen *im Nachhinein* ausstrahlten: Löwiths Auflistung der deutschen »Nachfahren« oder Einlösungen Vicos versammelt die Geschichtsphilosophen neben den Begründern der Historischen Rechtsschule, der historischen Quellenkritik, der wissenschaftlichen Mythologie, der vergleichenden Grammatik und Sprachgeschichte. Damit kommt Löwith dem Konstrukt einer »Deutschen Schule«, wie sie durch Dilthey Ende des 19. Jahrhunderts in patriotischer Absicht konfiguriert wurde, und die insgesamt als Geschichtsklitterung zu bewerten ist, gefährlich nahe. Die philologischen Erfolge der »Höheren Kritik« geschahen ohne philosophische Anleitung und in einer zum Teil mokanten Distanz zu philosophischen Erwägungen;[19] und von einer Berücksichtigung philologischer Einsprüche war auf geschichtsphilosophischer Seite nur sehr selten die Rede, und wenn sie geltend gemacht wurden, wie von Humboldt gegenüber Hegels Sicht der indischen Philosophie, wurden sie meist mithilfe brutaler Selbstvergewisserungen abgeblockt.

Von Berlin nach Neapel: Im »Casus Vico« ist das Verhältnis von Hermeneutik und Kritik durch die hermeneutischen Interpretationen des 20. Jahrhunderts konsequent verzerrt worden. Offensichtlich war bereits in der Zwischenkriegszeit eine ganze Generation von Philologen und Philosophen nicht mehr zu einer angemessenen Lesart Vicos und ihrer eigenen Vergangenheit in der Lage. Der Erste Weltkrieg scheint eine erste Amnesieschwelle gegenüber der Philologie des 19. Jahrhunderts errichtet zu haben. Der Siegeszug der Selbstzuschreibungen einer »Hermeneutik« für alle philologischen Tätigkeiten, wie oben für Auerbach nachgewiesen, ist das deutlichste Signal dieser Amnesieschwelle.

»Vico« ist eine Chiffre für zwei Dinge: für eine philosophisch-philologische Amalgamierung, die man mit keiner institutionellen Arbeitsteilung der letzten drei Jahrhunderte identifizieren kann, und für eine Philologie, die tatsächlich eine tonangebende Rolle bei der Herausbildung der modernen Fakultäten spielte. Die erste Bedeutung von »Vico« ist eine Chimäre; die zweite hingegen eine historische Realität gewesen. Und nicht nur eine Realität, sondern eine Weltmacht. Die Entstehung des modernen protestantischen Fundamentalismus ist eine Reaktion auf die lange verzögerte Einführung der Historischen Bibelkritik (des »Higher Criticism«) an amerikanischen Theologischen Seminaren. Die Karriere des Nibelungenlieds ist eine Folge der Kanonisierung des Wolf'schen Homer; Ähnliches gilt für das Kalevala und andere literaturhistorische Folgen der »Liedertheorie«. Nationalismen, Fundamentalismen, Ethnisierungen stehen Verflechtungsgeschichten, Aufklärungen, Entlarvungen der Nicht-Authentizität von Texten und Überlieferungen gegenüber. An allen diesen Entwicklungen hat die Philologie des langen 19. Jahrhunderts teilgenommen.[20]

Wenn man den Paradigmenwechsel von der Höheren Kritik zur Hermeneutik am Beispiel Auerbachs und Löwiths zusammenfassen wollte, käme man zu folgender Formel: Während heutige Philologen davon ausgehen, dass textkritische Fragen mit hermeneutischen Mitteln gelöst werden, ging die Philologie des 19. Jahrhunderts davon aus, dass die Überlieferung derartig lückenhaft ist, dass eine schwierigere hermeneutische Fragestellung nur mithilfe textkritischer Erkenntnisse und Emendationen beantwortet werden kann. Und es gab so viele Korpora und Überlieferungen zu rekonstruieren, dass es plausibel erschien, dass diese Sachlage auch die Zukunft der Philologie bestimmen würde, während sie ihre Vergangenheit fortlaufend einer rigorosen Revision aussetzte. Die textuelle Überlieferung der Antike war nicht stabil, und sie sollte im Interesse der Forschung gar nicht stabilisiert werden.

Diese und andere Wechsel der philologischen Selbstauffassung sind in der wissenschaftlichen Literatur zur Hermeneutik weitgehend ignoriert worden. Der Rekurs auf eine Hermeneutik verspricht das Kontinuum einer Tradition, die durch den Rekurs auf dieses Versprechen mehr als nur einmal bis zur Unkenntlichkeit entstellt wurde. Diltheys Konstruktion einer »Entstehungsgeschichte der Hermeneutik« bis zu ihrem prophetischen Abschluss durch Schleiermacher wurde von Gadamer zum Teil übernommen und zum Teil durch eine eigene Genealogie ergänzt, in der wiederum Dilthey die Rolle des Propheten einer Problemstellung einnahm, die erst durch Heidegger zu größerer Klarheit gelangt sei.[21] Die »philosophische Hermeneutik« gewann auf diese Weise eine narrative Geschlossenheit, die man in Anlehnung an

Claude Lévi-Strauss auch als mythische Formel schreiben kann:

»(Schleiermacher : Dilthey) :: (Dilthey : Heidegger)«
(Methode : Wahrheit)

Das ist selbstverständlich eine Parodie. Aber ein Teil jeder echten Mythologie entsteht durch Parodie, und so auch in diesem Fall. Das Entscheidende an allen Hermeneutik-Geschichten seit Dilthey ist das, was sie weglassen, und das ist die Architektur der Philologie, in deren Rahmen die jeweilige »Hermeneutik« ihren Ort fand. Dieser Sachverhalt, der sich mit erstaunlicher Hartnäckigkeit in aktuellen Konstruktionen einer hermeneutischen Tradition fortsetzt, insbesondere durch die gängige Praxis, reine Interpretationslehren oder »Hermeneutiken« zu schreiben, die auf diese Weise ein bereits abschließend bereinigtes Universum von kanonisierten und standardisierten Texten voraussetzen, dessen Deutung von den Wechselfällen ihrer Textüberlieferung und Mediengeschichte abgekoppelt werden kann, soll im Folgenden kurz an dem wichtigsten Gewährsmann Diltheys demonstriert werden. Ich beginne mit der Darlegung meiner Thesen der Einfachheit halber einmal dort, wo die moderne Hermeneutik als philosophisches Vorhaben postuliert wurde und dann jahrzehntelang über viele Jahre eigentlich nur Schiffbruch erleidet, nämlich in Diltheys Unfähigkeit, seiner »Kritik der historischen Vernunft« eine lebensphilosophisch begründete anthropologische oder eine psychologisch abgesicherte Grundlegung der Geisteswissenschaften folgen zu lassen. Dieses Scheitern ist schließlich das, was wir von Dilthey als »Hermeneutik« kennen, und es ist bezeichnend für das 20. Jahrhundert, das aus gutem Grund die scheiternden Projekte liebt, weil es nämlich im 20. Jahrhundert im großen Stil fast nur noch das »Scheitern im Großen Stil« gibt und nur ganz wenige Ausnahmen erfolgreicher Verwirklichungen einer realistischen Planung in den Künsten und Geisteswissenschaften.[22] »Fail, as no other dare fail« heißt das Motto der modernen Avantgarden, und dieses Unfertige erzeugt die Begeisterung der Interpreten, denen die Fragmente der nicht zu Ende geführten Systeme so viel Kombinationslust bescheren, dass sie sich in der Wirkungsgeschichte der gescheiterten Entwürfe als die erfolgreicheren Autoren einrichten. Als die beste Investition in die Zukunft hat sich für die Angehörigen der Moderne der Entwurf eines Hauptwerks erwiesen, auf dessen Ersten Band nie ein Zweiter folgte, bis aus dem Nachlass die Fragmente des Scheiterns gesammelt wurden, und diese auch den Ersten Band in ein neues Chaos stürzten, das interpretativ bewältigt werden musste. Wir sind in den Geisteswissenschaften allesamt Konkursverwalter wagemutiger Bankrotteure, deren jugendlicher Enthusiasmus im mittleren Alter ins Leere lief oder am eigenen Zweifel zersplitterte. Der Erfolg der »Hermeneutik« ist da keine Ausnahme: Er beginnt, wo es sich um ein hoffnungsloses philosophisches Unterfangen handelt, in diesem Fall mit dem philosophischen Wunsch, aus dem Leben das Erleben, aus dem Erleben das Nacherleben, und aus dem Nacherleben das Verstehen abzuleiten.

Selbstverständlich gab es einen hermeneutischen Topos des Sich-Hineinversetzens zur Auslegung von

Schriften. Aber dieser Topos handelte nicht vom Nachempfinden, sondern von dem »Sich-Hinausversetzen«, das eine neue Perspektive möglich macht, nämlich die der Höheren Kritik. Und es ging in diesem Topos nicht um die Empfindungsqualitäten der eigenen Befindlichkeit, sondern um die Erkenntnis einer Vorwelt und/oder Außenwelt. Oft war dieses Sich-Hinein/Hinaus-Versetzen mit Reisen in ein fremdes Land verbunden, etwa in den Orient als Ort der Bibel, oder durch das griechische Mittelmeer als Ort der griechischen Überlieferung. Eine Hochlobung der »Hermeneutik« des einheimischen Erlebens und Nachempfindens zur Basis und zum Hauptziel der Philologien war bis Dilthey ohne Vorläufer und findet sich etwa keineswegs bei Schleiermacher. Und wenn eine Hermeneutik »romantisch« genannt werden sollte, dann vermutlich weniger (wie durch Gadamer ausgewiesen) die Hermeneutik von Schleiermacher und Boeckh als die erstaunlich simple Schulbuchromantik Diltheys, eines Autors mit enzyklopädischen historischen Kenntnissen und scharfsinnigen Fragestellungen, die sich meist auf einem fliegenden Teppich faszinierender, wolkig ausfransender Formulierungen fortbewegen, dessen Freude an der deutschen Literatur und Geistesgeschichte hingegen insgesamt von patriotischer Naivität und nationalistischer Borniertheit geprägt blieb.

Die Alternative, nämlich die philologischen Tätigkeiten einschließlich der Textdeutung aus den philologischen Tätigkeiten oder aus Akten des Lesens und Schreibens heraus zu begründen, wird von Dilthey kein einziges Mal erwogen. Genauer gesagt: Die Philologie inklusive der Höheren Kritik wird von ihm auf bewusst verschwommene Weise als Herstellung einer »Anschaulichkeit« des »Materials« der Geisteswissenschaften anerkannt und zugleich abgewiegelt. Die entsprechende Passage – und es ist die einzige in der »Einleitung in die Geisteswissenschaften«, in der es um ihre philologischen Voraussetzungen geht – lautet:

> »[D]ie heutige Gesellschaft lebt sozusagen auf den Schichten und Trümmern der Vergangenheit; die Niederschläge der Kulturarbeit in Sprache und Aberglaube, in Sitte und Recht, wie andererseits in materiellen Veränderungen, die über Aufzeichnungen hinausgehen, enthalten eine Überlieferung, welche in unschätzbarer Weise die Aufzeichnung unterstützt. Auch über ihre Erhaltung hat doch die Hand der geschichtlichen Fügung entschieden.«[23]

Diese Auffassung vom Quellenstatus aller kulturellen Artefakte und Prozesse kommt dem Begriff der Philologie der ersten Hälfte des 19. Jahrhunderts sehr nahe; allerdings fällt hier weder das eine noch das andere Wort (das heißt weder »Philologie« noch »Kultur«). Außerdem erscheint es seltsam, dass »die Hand der geschichtlichen Fügung entschieden haben« soll, wo es die Aufgabe der Kritik blieb, sich über die »Erhaltung« hinwegzusetzen. Stattdessen folgt ein erhabener Vergleich von Astronomie und Philologie, der das Universum der Überlieferungen als Pendant des gestirnten Himmels kennzeichnet:

> »Die Unanschaulichkeit in dem Zusammenhang dieses unermeßlichen Materials kommt zu dieser

> Lückenhaftigkeit, ja hat nicht wenig dazu beigetragen, die letztere zu steigern. Als der menschliche Geist die Wirklichkeit seinen Gedanken zu unterwerfen begann, wandte er sich zuerst, von Staunen angezogen, dem Himmel entgegen; diese Wölbung über uns, die auf dem Rund des Horizonts zu ruhen scheint, beschäftigte ihn: ein in sich verbundenes räumliches, den Menschen stets und überall umgehendes Ganzes; so war die Orientierung im Weltgebäude der Ausgangspunkt wissenschaftlicher Forschung.«[24]

Diese Gegenwendung darf man durchaus allegorisch lesen, und zwar für Diltheys eigene Abwendung von den Trümmern der Vergangenheit zum gestirnten Himmel über ihm, sprich: von der philologischen Archivarbeit des jungen Dilthey zur träumerisch-ungenauen Metaphysikgeschichte, die astronomische Exaktheit versprach, aber dabei vielleicht doch nur einer besonderen deutschen Form der Astrologie zuarbeitete.

Denn Diltheys Ausführungen koppelten die Konstitution seiner »Hermeneutik« von der textkritischen Arbeit an einer Rekonstruktion der Überlieferung ab. Damit wurde die Komplementarität von »Hermeneutik und Kritik« auf folgenreiche Weise einer Analyse des »Verstehens« geopfert, die bis heute kein Ende gefunden hat. Diese Amputation hat kein Vorbild. Bei Schleiermacher, aber auch bei Boeckh und Schlegel, ist die architektonische Beziehung zwischen Hermeneutik und Textkritik durchgängig vorausgesetzt. Der Historiker der frühen deutschen Forschungsuniversitäten, R. Stephen Turner, hat auf zwei Entwicklungen der Philologie um 1800 aufmerksam gemacht – ihre Professionalisierung und ihr Reflexivwerden:

> »Die Professionalisierung der Philologie lief darauf hinaus, ihren Status als Disziplin in der niederen Fakultät zu erhalten, und zwar unabhängig vom Bedarf der Höheren Fakultäten oder der Pädagogik. Dieser Schritt fand in der Generation zwischen Wolf und Boeckh statt.
>
> Die gewonnene Unabhängigkeit führte unweigerlich zur Bildung eines methodologischen Bewusstseins. Im Zeitalter Fichtes und Schellings konnte sich keine Disziplin etablieren, die sich nicht durch den philosophischen Rekurs auf eine *Wissenschaft* (im Original deutsch) legitimieren konnte. Im 18. Jahrhundert war das Wesen der philologischen Erkenntnis – der Grundlage der Hermeneutik – nicht als Problem anerkannt. Das nachkantianische Zeitalter schuf allerdings in der Folge einen wahren Sturzbach hermeneutischer Spekulationen, von Historikern wie C. F. Rüss, Wilhelm Wachsmuth, Ranke und Droysen, und durch Philologen wie Friedrich Ast, Humboldt, Boeckh und Schleiermacher.«[25]

Die wissenschaftliche Reflexivität der deutschen Philologie des 19. Jahrhunderts war eine direkte Folge des Aufstiegs der Philologie in den Forschungsuniversitäten des 18. Jahrhunderts, deren Rangordnung eine entsprechende Selbstbegründung erforderte. Allerdings verkürzt auch diese Zusammenfassung Turners in Übereinstimmung mit der heutigen Gewichtung das Schwergewicht der damaligen Philologie auf eine »Hermeneutik«, während alle genannten Theoretiker der Philologie die Polarität von Hermeneutik und Kritik in den Dienst der schwierigeren Aufgabe stellten, nämlich der »Kritik«. Auch Schleiermacher:

> »Worin liegt der Unterschied zwischen dem Leser, der sich zum Behuf der hermeneutischen Operation den Text gestaltet, und dem kritischen Herausgeber des Textes?
> Es gibt einen bestimmten Unterschied zwischen dem Resultat der diplomatischen und der divinatorischen Kritik. Bei der diplomatischen Kritik sind beide auf dem allgemeinen philologischen Standpunkt, sie wollen beide das Ursprüngliche womöglich ermitteln. In Beziehung auf die divinatorische Kritik sind beide im Dienste der hermeneutischen Operation. Diese nötigt zu ergänzen und zwischen Verschiedenem zu wählen. Soll die Lösung der Aufgabe ihren richtigen Gang gehen, so darf das Resultat der diplomatischen mit dem Resultat der divinatorischen Kritik nicht verwechselt werden. Der Leser geht aus von dem diplomatisch Ermittelten, und das Divinatorische macht sich jeder selbst, und fördert sich jeder nach seiner Art und Überzeugung in Beziehung auf die hermeneutische Operation. Daher wird es immer mehr Grundsatz der Herausgeber werden, die Resultate der divinatorischen Kritik nicht in den wirklichen Text aufzunehmen. Außer demselben können sie mitgeteilt werden.«[26]

Hermeneutik und Kritik werden bei Schleiermacher daher selbst in den Konjekturen der »divinatorischen Kritik« streng unterschieden, also dort, wo man meinen könnte, dass nur das hermeneutische oder »divinatorische« Vermögen zählt. Das Ergebnis der kritischen Arbeit soll nicht mit der hermeneutischen Erkenntnis zusammenfallen. Anders gesagt: »Befund« und »Deutung« bleiben getrennt, und der »Befund« hat in der Überlieferung der Texte Vorrang. Es gibt bei Schleiermacher daher keinen Vorrang der Hermeneutik, sondern sowohl für die Textkonstitution selbst als auch für ihre Deutung einen Vorrang der historischen Kritik:

> »[...] man muß sich immer bewußt bleiben, daß die hermeneutische Aufgabe nicht gelöst werden kann ohne die Operation der historischen Kritik. Die unmittelbar hermeneutische Aufgabe ist gelöst, wenn ich weiß, wie der Geschichtsschreiber die Tatsachen dargestellt hat. Aber wenn ich ihn gebrauchen will als historisches Zeugnis, entsteht die Aufgabe der historischen Kritik.«[27]

Die »hermeneutische Aufgabe« stellt den Sinn dar, wie er sich den Urhebern der Schrift darstellte, auch wo sie aufgrund ihrer subjektiven Färbung einseitig, uninformiert, oder unfähig blieben; die »historische Kritik« (oder »Höhere Kritik«) soll diese Sachverhalte mitbeurteilen. In diesem Sinne umfasst die »Aufgabe der historischen Kritik« auch die »hermeneutische Aufgabe« und die Mittel zu ihrer Bewältigung, und nicht umgekehrt. Philologie geht durch ihre Aufgaben einer

Rekonstruktion der Situation, die der historischen Überlieferung zugrunde lag, und durch die Beurteilung der rekonstruierten Situation der Textgenese über Hermeneutik hinaus.[28]

Worauf beruht bei Schleiermacher der Begriff der »Kritik«? Schleiermacher geht in seinen Vorlesungen über »Hermeneutik und Kritik« mehrmals die Unterscheidungen von »höherer« und »niederer«, »divinatorischer« und »diplomatischer«, »emendierender« und »urkundlicher« Kritik durch, um sie aber allesamt als aposteriorische Größen zu relativieren, die empirisch gesehen leicht die Fronten tauschen können. Gibt es bei Schleiermacher ein hermeneutisches Motiv, das er der »Kritik« zugrunde legt? Ja, das gibt es, und es ist das des »Verdachts«:

> »Wir können noch weiter zurückgehen und sagen, dasjenige, wodurch alle Operation der Kritik bedingt ist, ist die Entstehung des Verdachts, daß etwas ist, was nicht sein soll. Wo ein solcher Verdacht nicht ist, kann auch kein kritisches Verfahren eingeleitet werden.«[29]

Das Pendant der »Divination« aufseiten der Kritik ist, könnte man sagen, Misstrauen, ein Wort, das Schleiermacher nicht verwendet, aber paraphrasiert:

> »Man könnte sagen, der, dem kein Verdacht entsteht, wo er entstehen sollte, sei ein unkritischer Mann, und im Gegenteil der ein kritischer, der sich auf den Verdacht versteht. Allein wollte man zur Kritik rechnen, darüber Anweisungen zu geben,

> wie man ein kritischer Mann werde, so würde man zu weit gehen, denn es konkurrieren dabei verschiedene Naturanlagen und Grade der Übung.«[30]

Textkritik entsteht auf einen »Verdacht« hin, »dass das Vorhandene mit der ursprünglichen Tatsache nicht übereinstimmt«, und von diesem Begriff ausgehend entwickelt Schleiermacher seine Version der Unterscheidung von niederer und höherer Kritik, die sehr viel weniger bekannt ist als seine Unterscheidung zwischen grammatischer und psychologischer Auslegung, aber mit dieser Parallelen aufweist:

> »Teilen wir nun das Geschäft, so werden wir, dem Obigen zufolge, bestimmt sondern *die Vermutungen, welche auf einen mechanischen Fehler, und die, welche auf eine dazwischen getretene freie Handlung, wodurch die Differenz zwischen der Tatsache und Relation veranlaßt oder verursacht ist, schließen lassen*. Auf diese Weise entsteht eine Analogie mit der Einteilung in die niedere und höhere Kritik«.[31]

Schleiermachers Vorlesungen zielen in ihrer Architektur auf die Einheit und den Umschlagpunkt zwischen Hermeneutik und Textkritik. Der letzte Teil seiner Ausführungen zur Hermeneutik handelt nämlich durchaus von einigen Bedingungen der Textkritik, und zwar anhand der Fragestellung, wie man anhand der Kompositionstechnik eines Autors die Echtheit oder Unechtheit seiner Schriften einschätzen kann. Diese Fragestellung hatte Schleiermacher selbst bei seiner Übersetzung der Werke Platons in den Mittelpunkt seiner editorischen Entscheidungen gestellt. Mit anderen Worten, Schleiermachers »Hermeneutik« entstand aus seinen eigenen (nicht unumstrittenen) textkritischen Bemühungen, und dient zu ihrer Legitimation. Im Zentrum von Schleiermachers Vorlesungen zur Hermeneutik steht weniger das hermeneutische Verstehen der Bibel als eine Rechtfertigung seiner eigenen textkritischen Arbeit an Platon.

Wenn man Schleiermacher rückwärts liest, also von der Kritik aus zur Hermeneutik, was aus mehr als einem Grund gerechtfertigt ist, dann liest sich auch der berühmte Satz zum »Mißverstehen« anders, denn er schließt an den textkritischen »Verdacht« an, ohne den kein Text, nämlich keine Textkritik entstehen könnte:

> *»Die strengere Praxis geht davon aus, daß sich das Mißverstehen von selbst ergibt und das Verstehen auf jedem Punkt muß gewollt und gesucht werden.«*[32]

Das heißt: die strengere Praxis der Interpretation ist die, die auch den Sinn eines Textes auf den »Verdacht« hin liest, dass es sich um ein »Mißverstehen« handelt, mit Schleiermachers Worten gesagt: dass das im Verstehen »Vorhandene mit der ursprünglichen Tatsache nicht übereinstimmt«. Wenn man die Geschichte der Exegesetechniken vor und nach Schleiermacher studiert, gilt diese Maxime weniger für das, was wir als Einzelinterpretationen literarischer Werke kennen, als für die Feststellung der Kommentierungsbedürftigkeit eines Textes oder einer Textstelle. Im Kommentieren geht es weniger darum, ob und wie man selbst einen

Text verstanden hat als darum, ob ein anderer ihn verstehen kann, und wie man ihm verständlich macht, was sonst auf ein Missverständnis hinauslaufen würde.[33] Das können ganz unverdächtige Textstellen sein, die aber missverstanden werden; oder schwierigere Textstellen, die sonst unverstanden blieben. Eine, wenn nicht die typische Veröffentlichungsform der Philologie des 19. Jahrhunderts war bekanntlich die Miszelle (etwa im »Rheinischen Museum«), die für beide Arten von »Mißverstand« geschrieben wurden. Wie bei Schleiermacher auch gab es in diesen Miszellen eine Problematisierung des Unverdächtigen, das ebenso sehr zum »Mißverstand« beitrug wie das schwer oder gar nicht Verständliche (z. B. durch »Hapax Legomena«).

Die schleiermachersche Lehre vom Missverstehen erweist sich durch ihre Analogie zur Textkritik als Aufforderung, jeden Teil eines Textes »unter Verdacht« zu stellen, das heißt »auf jedem Punkt«, bei allem, was sich als »Textstelle« fokussieren und isolieren lässt, das Missverstehen zu erwarten. Diese Analogie zur textkritischen Konstitution wirft wiederum ein anderes Licht auf die zweite und ebenso berühmte, aber auch berüchtigte Stelle zum »Verstehen«, nämlich zum »besser verstehen«. Weil »an jedem Punkt« eine Prüfung des möglichen Missverstehens stattfinden soll, und eine Überprüfung, ob der Text so, wie er ist, mit der »ursprünglichen Tatsache« übereinstimmt, sind die Anforderungen an die Textkonstitution umfassender als für den Autor, und zugleich durch eine andere Temporalität, Relevanz und Erklärungsbedürftigkeit gekennzeichnet, als dass sie vom Autor vorweggenommen werden könnten. In der Tat muss ein Philologe in diesem Sinne einen Mehraufwand aufbringen, den er zwar vom Text ableitet, aber diesem selbst in seinem Ausgangskontext nicht zuschreiben oder zutrauen muss. Das ist eine Möglichkeit, das »besser verstehen«[34] in der philologischen Tätigkeit zu verorten; denn das »besser verstehen« ist nur die positive Seite des hermeneutischen Misstrauens, das Fehllektüren durch Bewusstmachung vermeidet, und dieses hermeneutische Vermeiden des Missverstehens entspricht dem kritischen Misstrauen, das auf den Verdacht hin liest.

> »*Subjektiv geschichtlich* heißt wissen, wie die Rede als Tatsache im Gemüt gegeben ist, *subjektiv divinatorisch* heißt ahnden, wie die darin enthaltenen Gedanken noch weiter in dem Redenden und auf ihn fortwirken werden. Ohne beides ebenso Mißverstand unvermeidlich.
> Die Aufgabe ist auch so auszudrücken, ›die Rede zuerst ebensogut und dann besser zu verstehen als ihr Urheber‹.«[35]

Das heißt, die berühmte Formel vom »besser verstehen« bezieht sich auf die Vermeidung von Missverstand, und die Extrapolation von Gedanken, die implizit auf den »Redenden« fortwirken und als konstant gesetzt werden können. Sie entsprechen auf diese Weise den Erzeugnissen einer »Konjekturalkritik«, die an der Alternative gemessen wird, dass sonst etwas wäre, »was nicht sein soll«. Das »besser verstehen« ist in Schleiermachers Beschreibung ein kritisches Verfahren oder zumindest einem kritischen Verfahren ganz analog gedacht. Die »divinatorische Hermeneutik« geht in Schleiermachers Darstellung in »divinatorische Kritik« (Textkritik) über, und auch wenn diese im Hermeneutik-Teil der Vorlesungen behandelt wird, gehört sie bereits der Kritik an (als dessen Teil sie zu Recht von Boeckh behandelt wird, s. u.). Die Berufung späterer Generationen auf Schleiermacher (und der fehlende Vergleich mit Boeckh) hat diesen Tatbestand in der Rezeption nach Dilthey zu Ungunsten des Vorrangs der Kritik und zugunsten einer Monopolisierung der Hermeneutik verschleiert. In der Sache und selbst in der »Architektur« des Aufbaus von Hermeneutik und Kritik findet sich kein Bruch zwischen Boeckh und Schleiermachers Behandlung des Themas, zumal Boeckh in der »Enzyklopädie« aus Anlass der »divinatorischen Kritik« Schleiermachers Platon-Textkritik behandelt, auf die sich auch Schleiermacher selbst bezieht.[36]

Es ist keine Überraschung, dass Dilthey Schleiermachers Priorität der kritischen Divination ignoriert und explizit umkehrt, und zwar dergestalt, dass die Textkritik erst *nach* der hermeneutischen Divination als Aufgabe überhaupt antreten darf. Es handelt sich um eine Schlüsselstelle für die Umwertung und für eine mit dieser Umwertung eintretende Amnesie des philologischen Paradigmas:

> »Wenn aber diese Prolegomena [F. A. Wolfs] den Geist philologischer Kritik in Deutschland wachriefen, begann mit dem Platowerk die bewußtkunstmäßige Behandlung der Interpretation als der hermeneutischen Aufgabe. Das Studium der

inneren Form eines schriftstellerischen Werkes, die Erforschung des Zusammenhangs der einzelnen Schriften eines Autors untereinander und im Geiste ihres Urhebers, eine hierdurch bedingte straffe und kunstmäßige Methode der Interpretation, und daraus fließend das unverbrüchliche Festhalten daran, daß erst, wenn die Kunst der Auslegung ihre ganze Schuldigkeit getan hat, die Messer der Kritik in Gang gesetzt werden dürfen – dies alles geht aus von der Kunst, die Schleiermacher an Plato übte, und dem Bewußtsein, das in seiner Hermeneutik und Kritik zum Ausdruck gelangte.«[37]

Um es einmal ganz deutlich zu sagen: Dieser Kommentar von Dilthey zu Schleiermacher ist Unsinn. Es kann bei Schleiermacher keine Rede davon sein, »dass erst, wenn die Kunst der Auslegung ihre ganze Schuldigkeit getan hat, die Messer der Kritik in Gang gesetzt werden dürfen«. Die Kunst, die Schleiermacher seinem eigenen Selbstverständnis nach an Platon ausübte, war die kritische Divination, und es ging durchgängig darum, echte von falschen Platontexten und -stellen zu unterscheiden. Die »Messer der Kritik« waren von Anfang an gezückt. Die hermeneutische Aufgabe der Ermittlung von Platons Dialogtechnik fiel mit der textkritischen Rekonstruktion zusammen. Der wichtigste Schritt Schleiermachers zur Vorbereitung dieser doppelten Aufgabe war die planmäßige Zerstückelung und freie Kombinierbarkeit von Platons Texten. Um die Kompositionstechnik Platons zu rekonstruieren, hilft ein »lobenswertes Unternehmen«, nämlich »den philosophischen Inhalt aus den platonischen Werken zerlegend herauszuarbeiten, und ihn so zerstückelt und einzeln, seiner Umgebungen und Verbindungen entkleidet, möglichst formlos vor Augen zu legen.«[38]

In dieser Zerstückelung liegt die Adoption der Textkritik F. A. Wolfs (et al.), die Gewinnung eines artifiziellen Möglichkeitsraums, in dem die Rekonstruktion maximalen Bewegungsspielraum besitzt, aber auch und weiterhin, um das Echte vom Unechten, und das Wahrscheinliche vom Plausiblen, und um eine mögliche Reihenfolge der Textgenese von allen unmöglichen Reihenfolgen zu unterscheiden. Mit einem Begriff Schleiermachers: Darin bestand die Ausübung der »kritischen Divination«, der von Schleiermacher als Nahtstelle gekennzeichneten Übergängigkeit von Hermeneutik und Kritik. Die »Messer der Kritik« hatten den Text bereits »zerstückelt«, bevor Hermeneutik und Kritik in Gestalt der »kritischen Divination« miteinander vermittelt werden konnten. Der Text der kritischen Divination ist kein organisches Ganzes, sondern ein Möglichkeitsraum inkompatibler Versionen, eine Rohfassung aus Rohfassungen, die nicht mehr aus der herkömmlichen Überlieferung normativer Gattungen abgeleitet werden konnte und daher gattungspoetischen Aufschluss und gattungspoetische Inspiration versprach. So schrieb Goethe an Niebuhr (23. November 1812):

> »Mein Interesse an Ihren Bemühungen ist immer dasselbe und es ist immer im Wachsen. Lassen Sie mich das Allgemeine statt des Besonderen aussprechen! Das Vorübergegangene kann unserm innern Aug und Sinn als gegenwärtig erscheinen durch

gleichzeitige schriftliche Monumente, Annalen, Chroniken, Documente, Memoires, und wie das alles heißen mag. Sie überliefern ein Unmittelbares, das uns, so wie es ist, entzückt, daß wir aber auch wohl wieder, um andrer willen, aus hunderterley Trieben und Absichten vermitteln möchten. Wir thun's, wir verarbeiten das Gegebene, und wie? als Poeten, als Rhetoren! Das ist von jeher geschehn, und diese Behandlungsarten äußern große Wirkung; sie bemächtigen sich der Einbildungskraft, des Gefühls, sie füllen das Gemüth aus, bestärken den Charakter und erregen die That. Es ist eine zweyte Welt, welche die erste verschlungen hat. Denke man sich nun die Empfindungen der Menschen, wenn diese Welt zerstört wird und jene nicht dem Anschauen vollkommen entgegentritt.
Höchst erwünscht ist jedem, der zu dem Uranschauen zurückkehren möchte, die Kritik, die alles Secundäre zerschlägt und das Ursprüngliche, wenn sie es nicht wieder herstellen kann, wenigstens in Bruchstücken ordnet und den Zusammenhang ahnden läßt. Aber das wollen die Lebe-Menschen nicht, und mit Recht.
Lassen Sie mich hier eine Kluft überspringen! Hätten wir zusammengelebt, hätte ich das Glück gehabt, von Ihren Untersuchungen seit Jahren unterrichtet zu seyn, so würde ich Ihnen gerathen haben, nach Weise des edlen und lieben St. Croix, Ihre Schrift zu betiteln:

> Kritik der Schriftsteller, welche uns die römische Geschichte überlieferten.«[39]

(4.) *Die Hermeneutik aus Sicht der Höheren Kritik*

Statt einer Grundoperation namens »Verstehen« mit vielen verschiedenen Anwendungen und Verwirklichungen trifft man bei Schleiermacher auf eine architektonische Ordnung von »Kritik« und »Hermeneutik«, und auf einen Vorrang der Kritik bei der Bestimmung des Gesamtfeldes der philologischen Tätigkeiten und Aufgaben, aber auch innerhalb der Hermeneutik selbst. Ich habe Schleiermacher so ausführlich zitiert, weil er fast in allen historischen Darstellungen als Begründer einer verselbstständigten Hermeneutik gilt, und um zu verdeutlichen, dass seine Begründung der Hermeneutik keine Erfindung einer Grundlagenwissenschaft oder Grundlagentheorie der Philologie durch ein Organon namens »Hermeneutik« gewesen ist, sondern eine Theorie von »Hermeneutik und Kritik«; und dass Schleiermacher die Grundlagen der Philologie trotz aller Wertschätzung der Hermeneutik weiterhin durch den Vorrang der »Kritik« gliederte. Kritik kann nicht durch hermeneutische Aufgaben und Operationen erfasst werden; es gibt keine Hermeneutik ohne Kritik; das kritische Vermögen wird vom hermeneutischen durchgängig unterschieden; und selbst dort, wo Schleiermacher von einer »divinatorischen Kritik« spricht, ist diese weder als Spielart einer unkritischen »Hermeneutik« ausgewiesen noch innerhalb der Kritik als höheres Vermögen charakterisiert. Diltheys Schleiermacher-Auslegung ist eine konsequente Fehllektüre, durch die er den Autor und wie sich zeigen wird, auch sich selbst schlechter versteht als notwendig oder angemessen gewesen wäre. Und wenn man in den

Philologien nachfragt, kann man sich des Eindrucks kaum erwehren, dass seine ahistorische Aussage dennoch Schule gemacht hat: »Alles ist Hermeneutik«, auch alles das, was Editionskritik vorbereitet und sie durchführbar macht. Schleiermachers Hermeneutik – die auf der Asymmetrie von Hermeneutik und Kritik beruht – wird nirgendwo gelehrt, und wie mir scheint, trotz intensivster Lektüre konsequent missverstanden.

In der Schleiermacher-Rezeption weitgehend unbekannt ist außerdem, dass er weniger das philologische »Verstehen« als ein alltägliches sprachliches Geschehen begreift (denn das philologische Verstehen soll ja im Gegensatz zum Alltag vom Verdacht eines Missverstehens ausgehen) als die »Kritik«. Philologische »Kritik« findet »im täglichen Leben« statt; philologische »Hermeneutik« nicht. Schleiermacher schreibt zum Begriff der »philologischen Kritik«:

> »Der Umfang derselben aber ist weiter als das klassische, ja als das literarische Gebiet überhaupt. In ihrer vollen Allgemeinheit gefasst, haben wir sie im täglichen Leben beständig zu üben. So oft sich jemand verspricht, haben wir einen Fall für die philologische Kritik, ungeachtet kein geschriebener Buchstabe vorhanden ist. Was eins sein soll, Gedanke und Rede, ist zweierlei geworden. Wer sich verspricht, sagt anderes als er denkt. So haben wir eine Differenz. Die Differenz kann oft im Augenblicke nicht gleich bemerkt werden, sondern erst hintennach. Man mag sie gleich bemerken, will aber nicht unterbrechen, um eine Erklärung zu for-

dern, und so sucht man selbst auszumitteln, was er hat sagen wollen.«[40]

Der Impuls und das Vermögen zur Berichtigung fremder Äußerungen ist für Schleiermacher bereits eine »philologische Kritik«. Dieser Grundvorgang ist ebenso alltäglich wie das Verstehen, geht aber darüber hinaus. Wenn man fremde Äußerungen grammatisch korrigiert, geht es in der Fragestellung, »was er hat sagen wollen«, immer auch um das, »was er hat sagen sollen«. Das Vermögen der kritischen Verbesserung ist daher nicht umstandslos mit dem hermeneutischen Sinn und Zweck gleichzusetzen.

Diese Überlegung Schleiermachers ist von ungeahnter Aktualität, denn vielleicht ist erst in den letzten dreißig Jahren eine Sprachtheorie entstanden, die das alltägliche Berichtigen der Rede des anderen als Basis der sprachlichen Kooperation und damit aller sprachlichen Vorgänge, Sprechakte und Rationalitäten charakterisiert.[41] Umso aufschlussreicher ist es heute, auf den ersten modernen Begriff der Philologie zurückzukommen, in dem nicht die »Hermeneutik« zur Begründung der Philologie diente, sondern das Begriffspaar von »Hermeneutik und Kritik«, und zwar mit einer Asymmetrie zugunsten der Kritik als dem höheren und die Hermeneutik einschließenden Begriff. Das Verhältnis von »Hermeneutik und Kritik« ist daher, anders als es bei Schleiermacher erscheint, nicht komplementär zu denken, und nicht aus der gängigen Annahme heraus, die Hermeneutik sei der umfassendere Begriff, weil jeder kritischen Tätigkeit eine hermeneutische Operation zugrunde liege, sondern im Gegenteil: aus der Überordnung der Kritik, und zwar sowohl für den Alltag der sprachlichen Interaktion als auch für die Aufgaben der Textkritik.

Eine ausführlichere Begründung für diese Asymmetrie gibt allerdings weniger Schleiermacher als August Boeckh. Boeckhs *Enzyklopädie* bleibt das paradigmatische Werk für das Selbstbewusstsein der Philologie des 19. Jahrhunderts, für die Einheit der Erforschung von Sache und Sprache, von Geschichte und Textgeschichte, für die Überordnung der Kritik im Begriffspaar, die Nicht-Identifizierung von Philologie und Hermeneutik, und das wissenschaftstheoretische Selbstverständnis der Philologie als textkritischer und überlieferungskritischer Wissenschaft.

Boeckh begründet den Vorrang der Kritik durch ihre methodische Rückwirkung auf den Wissenschaftler dadurch, »dass jeder wahre Kenner einer Wissenschaft Kritiker sein müsse«.[42]

»Sie tritt zwar zerstörend und vernichtend auf, indem sie an aller Tradition rüttelt. Aber sie negirt nur den Irrthum, und da dieser die Verneinung der Wahrheit ist, so wirkt sie dadurch schon positiv.« (171 f.)

»Zugleich übt sie eine Wirkung auf das eigene Produciren aus, indem sie zur Selbstkritik wird.« (172)

Eine solche Wirkung kann offensichtlich nicht durch Hermeneutik zustande kommen, denn Kritik und Selbstkritik sind offensichtlich zur wechselseitigen Steigerung fähig, das Verstehen und Interpretieren hingegen könnten sich ohne Kritik nicht als ein Grundvorgang oder durch ein Sich-Selbst-Verstehen begründen. Boeckh stellt daher unmissverständlich das kritische Vermögen über die Fähigkeiten der Auslegung:

»Wenige üben die wahre Kritik; es gehört dazu in der That eine noch höhere Begabung als zur Auslegung« (173, vgl. auch 87). »Denn sie erfordert – wenn sie das Angemessene oder das Ursprüngliche reproduciren soll – mehr Selbstthätigkeit als die Hermeneutik, bei welcher die hingebende Aneignung des Gegenstandes vorwiegt.« (173) [...] »[D]aher wird der wahre Kritiker auch immer ein guter Ausleger sein. Das Umgekehrte findet natürlich nicht immer statt.« (174)

Diese Asymmetrie betrifft daher nicht nur den einzelnen Wissenschaftler in der Überordnung des kritischen und selbstkritischen Vermögens, sowie die Beziehung zwischen Philologen im Vorrang des wahren Kritikers gegenüber dem guten Ausleger, sondern auch die Bewältigung der philologischen Aufgaben durch die zu leistenden Schriftwerke, sprich: durch Ausgaben und Kommentare:

»Ein nicht kritischer Ausleger wird bei einem Schriftwerk erst etwas leisten können, wenn ein guter Kritiker ihm den Weg gebahnt hat.« (174)

Das hermeneutische Vermögen ist auch darin das geringere Vermögen, dass es sich nicht auf die Zusammenschau von Werken und Überlieferungen richtet, sondern partikularisiert:

»Die historische Wahrheit wird durch das Zusammenwirken von Hermeneutik und Kritik ermittelt. Wir müssen daher näher betrachten, in welcher

> Weise dies Zusammenwirken vor sich geht. Die Hermeneutik kommt, wie wir gesehen haben, überall auf die Betrachtung von Gegensätzen und Verhältnissen hinaus; aber sie betrachtet sie nur um die einzelnen Gegenstände an sich zu verstehen.« (178) »Hingegen muss die Kritik überall das Hermeneutische, die Erklärung des Einzelnen voraussetzen, um von da aus ihre eigene Aufgabe zu lösen, die Verhältnisse des Einzelnen zu dem umfassenden Ganzen der Bedingungen zu begreifen. Man kann nichts beurtheilen ohne es an sich zu verstehen; die Kritik setzt also die hermeneutische Aufgabe als gelöst voraus«. (178)

An diesen Formulierungen Boeckhs lässt sich ablesen, welchen Verlust nicht nur Diltheys Version der »Hermeneutik« durch ihre einseitige Betonung des »Erlebens« und »Nacherlebens« bedeutete, sondern auch die Stoßrichtung der gesamten Generation Diltheys, die es sich zur Aufgabe machte, die »Individualität« und damit die Partikularisierung von Epochen, Werken und Überlieferungen in den Mittelpunkt der Deutungsfragen zu rücken. Diese Betonung einer auszulegenden »Individualität« verbirgt einen empfindlichen Bruch mit der philologischen Tradition, auch in ihrer Betonung einer hermeneutischen »Divination«. Wie bereits zitiert, hat Dilthey die Überordnung der Kritik zugunsten der Hermeneutik umgedreht. Denn das höchste philologische Vermögen ist bei Boeckh keine hermeneutische, sondern die kritische Divination, die auf einer explosiven Mischung aus Kälte und Feuer, Scharfsinn und Nachempfindung, Misstrauen und Einbildungskraft beruht. Die kritische Tätigkeit verlangt »Scharfsinn« oder »Sagacität«; »außerdem aber muss der Kritiker, wie Bentley in der Vorrede zu seiner Ausgabe des Horaz verlangt, einen argwöhnischen Sinn (*animus suspicax*) haben« (173 f.). Kritik wird divinatorisch, »indem sie vermittelst productiver Einbildungskraft den Mangel der Ueberlieferung ergänzt« (174).

»Der kritische Künstler, ganz durchdrungen von dem Geiste des Schriftstellers, ganz erfüllt von dessen Weise und Zweck und ausgerüstet mit der Kenntniss der umgebenden Verhältnisse, producirt in einem Augenblick das Wahre; er durchbricht die Schranken des Geistes und weiss, was der Autor gemeint hat, sogar wenn jener selbst schuld an dem unrichtigen Ausdruck ist.« (184) In dieser Konzeption trifft man auf die bereits von Schleiermacher formulierte Auffassung, das kritische Vermögen sei das der Korrektur, in diesem Falle am Autor ausgeübt. Allerdings handelt es sich bei Boeckh in der Ausübung der kritischen Divination nicht um die Erlangung einer ominösen ›Geistesverwandtschaft‹ zwischen Ausleger und Autor, sondern – wie an den Pionierwerken der Höheren Kritik abzulesen (Wolf, Niebuhr) – um Folgerungen aus einer umfassenden »Kenntniss der umgebenden Verhältnisse«, mit anderen Worten um Annahmen über die Vorgehensweisen des Schriftstellers und seiner Überlieferung, allem voran um »Kenntniss« der »Sitten und Gebräuche« des praktischen und theoretischen Wissens einer Zeit. In Boeckhs Konzeption der Philologie bildet die Geschichte der Wissenschaften, mit einem anachronistischen Ausdruck könnte man sagen: eine historische Wissenssoziologie, das architektonische Zentrum des philologischen Wissens eines Alterthums und seiner Überlieferung. Die Textkritik wird zur Kritik der Überlieferung und »Realphilologie«, und nimmt auf diesem Wege die Hermeneutik in ihren Dienst, bis sie zur historischen Ethnografie geworden ist. Die höchste Form der Höheren Kritik ist eine historische Ethnografie, wie sie Boeckh selbst durch seine Schrift zur »Staatshaushaltung der Athener« vorgelegt hatte.

»Wie sich in der Geschichte der Wissenschaft die Erkentniss der Wahrheit entwickelt, so entwickelt sich in der gesammten Culturgeschichte die thatkräftige Erkenntniss der Humanität, und wenn daher die höchste Aufgabe der Kritik darin besteht das gesammte geschichtliche Leben einer Nation oder Zeit nach dem Ideal der Humanität zu messen, so darf letzteres doch wieder nicht als gegeben vorausgesetzt, sondern muss aus der Entwickelung selbst gewonnen werden. Bei der Betrachtung des Alterthums kann dies nur so geschehen, dass man die Totalität aller seiner Erzeugnisse in formaler und materialer Hinsicht zusammenfasst und ihre Geltung in der Entwickelungsskala der Menschheit bestimmt; es entsteht hierdurch die Anschauung des Antiken im Gegensatz zu dem aus demselben hervorgehenden Modernen. Der Philologe erhebt sich so durch die Zusammenfassung aller kritischen auf die Hermeneutik gegründeten Operationen auf den höchsten Punkt seiner Wissenschaft. Die Hermeneutik tritt von hier ab in den Dienst der Kritik und erzeugt das System der realen Wissenschaften, indem sie nicht mehr nur einzelne Werke, sondern das Volksleben selbst auszulegen und darin den Charakter des Antiken nachzuweisen sucht.« (257)

»Die Hermeneutik tritt von hier ab in den Dienst der Kritik....«, und das heißt: Die Kritik *ist* keine Hermeneutik, und sie besteht, vom Dienst abgesehen, auch nicht *aus* Hermeneutik. Woraus besteht sie dann? Boeckh bestimmt den Unterschied als Wechsel zur Heteronomie: Kritik sei »diejenige philologische Funktion, wodurch ein Gegenstand nicht aus sich selbst heraus und um seiner selbst willen, sondern zur Festsetzung eines bestimmten Verhältnisses und seiner Beziehung auf etwas Anderes verstanden werden soll, dergestalt, dass das Erkennen dieses Verhältnisses selbst der Zweck ist.« (170)

Diese Auffassung des Kerngeschäfts der Philologie muss einer Zeit, die ihren (literarischen) Gegenstand mehr als jede andere »aus sich selbst heraus und um seiner selbst willen« verstehen wollte und will, fremd erscheinen und ist es auch. Historisierung war im Selbstbewusstsein des 19. Jahrhunderts eine »Philologisierung« und umgekehrt. Die Historisierung wird zur »Höheren Kritik«, wo sie an Anschaulichkeit der rekonstruierten Sitten und Gebräuche gewinnt und sich auf diesem Wege von der Auslegung eines Textes »aus sich selbst heraus« löst. Historisierung und Philologie sind eins. Diese Identität kann nicht aufgehoben werden, auch wenn sie seit dem frühen 20. Jahrhundert nur noch wie durch einen dunklen Spiegel wahrgenommen werden kann, weil die Geschichtswissenschaften und Philologien mittlerweile als zwei Fächergruppen entwickelt wurden, die unterschiedliche Genealogien pflegen und dabei auch das 19. Jahrhundert nicht verschonen.

Das philologische 19. Jahrhundert ist uns fremd geworden, und zwar so fremd, dass auch und gerade die Forschungsliteratur zu Boeckh den Bruch zwischen seiner und unserer Welt konsequent ignoriert. Was besagt das für unseren Ausgangspunkt, die Interpretationswut der Literaturwissenschaft? Die literarische Hermeneutik der Zeit nach dem Zweiten Weltkrieg ist, an den Maßstäben des 19. Jahrhunderts August Boeckhs gemessen, nicht nur »unkritisch«, sondern sogar »unphilologisch«. Zumindest lässt sich konstatieren, dass eine Umkehrung und Aufspaltung eingetreten ist. Damals stand die Hermeneutik nicht nur propädeutisch, sondern durchgängig im Dienste der Kritik. Diese Auffassung gilt weiterhin in der Geschichtswissenschaft, in der literarischen Hermeneutik kann sie nicht mehr vorausgesetzt werden. Damit diese Aussage nicht als mutwillige Polemik erscheint, werde ich sie etwas ausführlicher begründen, und zwar in der Terminologie des 19. Jahrhunderts. Boeckh hat das Selbstverständnis der philologisch-historischen Vorgehensweise gemäß seiner Definition, Philologie sei die »Erkenntnis des Erkannten«, zwar etwas umständlich aber durchaus konsistent begründet:

> »Wollte man nun Geschichte und Philologie trennen, so müsste man letzterer doch die erkannte Geschichte als Gegenstand zuweisen, d. h. die Wiederherstellung der Ueberlieferung über das Geschehene, insofern die Ueberlieferung eine Erkenntniss

ist, nicht aber die Darstellung des Geschehenen; die Geschichtsschreibung wäre dann nicht Zweck der Philologie, sondern nur das Wiedererkennen der in der Geschichtsschreibung niedergelegten Geschichtskenntniss, also nur die Geschichte der Geschichtsschreibung. Aber eine solche Trennung ist nicht durchzuführen; vielmehr verfährt die ganze Geschichtsschreibung philologisch, zuerst inwiefern sie auf Quellen beruht, dann aber, inwiefern die geschichtlichen Thaten selbst ein Erkennen sind, d. h. Ideen enthalten, welche der Geschichtsforscher wiederzuerkennen hat.« (10 f.)

Die Kritik »tritt zwar zerstörend und vernichtend auf, indem sie an aller Tradition rüttelt. Aber sie negirt nur den Irrthum, und da dieser die Verneinung der Wahrheit ist, so wirkt sie dadurch schon positiv« (171 f.). »Zugleich übt sie eine Wirkung auf das eigene Produciren aus, indem sie zur Selbstkritik wird.« (172)

So wie Kritik und Selbstkritik des Kritikers ein einziges Vermögen bilden, so ist auch die kritische »Geschichte der Geschichtsschreibung« ein Teil des Vermögens der Historisierung, das darin besteht, »die Verfälschung der Zeiten, den Missverstand wegzuräumen« (15). Historisches Arbeiten ist notgedrungen philologisch, und umgekehrt gilt: »Der Zweck der Philologie ist rein historisch; sie stellt die Erkenntnis des Erkannten objectiv für sich hin.« (18)

(5.) Die Infrastruktur der Höheren Kritik

Historisches Wissen ist unsicheres Wissen, die philologische Kritik der Überlieferung war zuerst und zuletzt kein Gewinn unbezweifelter Fakten, sondern ein Unsicherheitsgewinn.

Am Ende des 19. Jahrhunderts hat Ernst Troeltsch in seinem Aufsatz »Ueber historische und dogmatische Methode in der Theologie«[43] eine konzise Zusammenfassung des philologischen Paradigmas (kurz vor der Verselbstständigung der »Hermeneutik«) gegeben. Dieser Aufsatz wird heutigen Lesern erst dann verständlich, wenn man die Terminologie des langen 19. Jahrhunderts zugrunde legt: Die »historische Methode« ist die Methode der historisch-kritischen Philologie. Historische Quellenkritik und philologische Textkritik wurden nicht als Teil der Geschichtswissenschaft und als Teil der philologischen Edition von Korpora, oder als Kontinuum zwischen den beiden Aufgaben der Historisierung und Textkritik verstanden, sie waren ein und dasselbe. In dieser Hinsicht schließen Troeltschs Ausführungen von 1898 noch ganz nahtlos an Boeckhs *Enzyklopädie* an. Jeder (evangelische) Theologiestudent erlebte in seinem ersten Semester den philologisch-historischen Schock, dass seine dogmatische Glaubenswelt angesichts der Hegemonie einer notorisch unsicheren historisch-philologischen Rekonstruktion der Bibel nicht mehr zählte. Der mitgebrachte Glauben wurde der Verunsicherung durch die Fragestellung ausgesetzt, wie es sein könne, dass eine Offenbarung stattgefunden hatte, ohne zur Beantwortung ein Element der Offenbarung verwenden zu dürfen. Dieser Unsicherheitsgewinn und seine Zumutung werden von Troeltsch auf drei Stichwörter gebracht: »Kritik, Analogie und Korrelation« (734). Sie könnten auch lauten: Kritik, Korruption und Korrelation.

»Das erste besagt, dass es auf historischem Gebiet nur Wahrscheinlichkeitsurteile gibt, von sehr verschiedenen Graden der Wahrscheinlichkeit, vom höchsten bis zum geringsten, und dass jeder Ueberlieferung gegenüber daher erst der Grad der Wahrscheinlichkeit abgemessen werden müsse, der ihr zukommt.« (731) Typisch für die Philologie des 19. Jahrhunderts (und von der philosophischen Hermeneutik des 20. Jahrhunderts großzügig ignoriert und daher fast unverständlich geworden) ist eine Abstufung des Wahr-Scheinlichen, bei Boeckh etwa durch die offensive Einschätzung, von 100 publizierten Konjekturen seien vermutlich nicht einmal fünf wahr (und trotzdem sei genau *das* Wissenschaft!); und die historische Wahrheit sei uns nur in Abstufungen zugänglich, von der unbezweifelten Wahrheit über die »Wahrscheinlichkeit« (*verisimile*, *eikos*) und das »Annehmliche« (*probabile*, *pithanon*) (i.e. die zu Recht bestehenden Annahmen) bis zum nur noch »Glaublichen« (*credibile*, *piston*). Dieser Regenbogen von Wahrheitsabstufungen ist zusammen mit seinen Kriterien durch die Erosion der klassischen Bildung im 20. Jahrhundert verschwunden. Boeckhs Definitionen demonstrieren die philologische Einheit von Kritik und Selbstkritik:

> »Wir nennen wahrscheinlich dasjenige, was sich der vollen Wahrheit nähert, ohne jedoch hinläng-

> lich bewiesen zu sein; probabel dasjenige, was mit andern Wahrheiten übereinstimmt, ohne doch selbst bewahrheitet zu sein; glaublich dasjenige, was mit unseren Vorstellungen übereinstimmt, ohne dass ein objectiver Beweis vorliegt.«[44]

Die kritische Abstufung der Wahrheit ist auch deshalb notwendig, weil die Überlieferung fortlaufend verfälscht wird, und zwar im Prinzip so, wie wir es auch in der Gegenwart bei »unkritischen« Überlieferungen und Tradierungsvorgängen beobachten können. Troeltsch: »Die Analogie des vor unseren Augen Geschehenden und in uns sich Begebenden ist der Schlüssel zur Kritik. Täuschungen, Verschiebungen, Mythenbildungen, Betrug, Parteisucht, die wir vor unseren Augen sehen, sind die Mittel, derartiges auch in dem Ueberlieferten zu erkennen.«[45] Diese Aussage – deren Pionierwerk Niebuhrs Kritik der Überlieferung römischer Frühgeschichte im Parteien- und Klassenkampf zwischen Plebejern und Patriziern war – gilt auch für die historische Kritik der christlichen Überlieferung:

»Diese Allmacht der Analogie schließt aber die prinzipielle Gleichartigkeit alles historischen Geschehens ein, die freilich keine Gleichheit ist, sondern den Unterschieden allen möglichen Raum läßt, im übrigen aber jedesmal einen Kern gemeinsamer Gleichartigkeit voraussetzt, von dem aus die Unterschiede begriffen und nachgefühlt werden können. Die Bedeutung dieser Analogie für die Geschichte des Christentums ist daher mit der historischen Kritik von selbst gegeben.« (732) Im Prinzip ist es daher möglich, den »Kern« der historischen Analogie auch in der Gegenwart zu erforschen, um die historische Kritik der Überlieferung zu vertiefen, etwa jene »Täuschungen, Verschiebungen, Mythenbildungen, Betrug, Parteisucht, die wir vor unseren Augen sehen«. Dieses Diktum erklärt zu einem gewissen Teil, warum ganz unterschiedliche Philologen wie Frazer und de Saussure, Warburg und Robertson Smith sich durch Reisen und Feldforschungen der Gegenwart zuwandten, um philologische und historische Fragestellungen zu vertiefen: Frazer ausgehend von einer Pausanias-Ausgabe in *The Golden Bough* und durch seine Adaptation der aktuellen Erntebräuche Wilhelm Mannhardts; de Saussure durch seine Untersuchung einer spiritistischen Geistersprache und im desaströsen Abschluss seiner historischen Anagramm-Studien (durch Anfrage bei einem lebenden neulateinischen Dichter, der nicht einmal antwortete); Robertson Smith und einige andere nach Carsten Niebuhrs Expedition durch arabische Reisen; Warburg durch seine Puebloreise; und Eduard Meyer durch seine Untersuchung der Entstehungsgeschichte des Buchs Mormon als Paradigma für die heiligen Schriften von Offenbarungsreligionen.[46] Alle diese Tätigkeiten der »Analogie« waren weniger Akte einer hermeneutischen als einer kritischen Divination, das heißt sie richteten sich auf das Zustandekommen eines Textes durch eine Rekonstruktion seiner Textgenese, durch »genetic criticism«.

Die »Höhere Kritik« erhob insbesondere durch ihre Übung und Ausübung der »Analogie« Ansprüche auf eine wissenschaftliche Überlegenheit gegenüber der Vergangenheit. Einen solchen Anspruch erhob F. A. Wolf berühmtermaßen mit seinen *Pro-*

legomena, ob zu Recht oder zu Unrecht, aber nicht ohne dass es bereits einen Macpherson gegeben hätte; einen solchen Anspruch erhob von F.A. Wolf ausgehend die »Liedertheorie« quer zu allen Fächern und mit Ausstrahlungen in die Entstehung neuer Literatur (z.B. des »Kalevala«); einen solchen Anspruch erhob zu Recht die Geschichte Roms in ihrer Darstellung durch Niebuhr, der ersten rigorosen Quellenkritik der modernen Geschichtswissenschaft. Diese Leistungen wurden als Zäsuren verstanden und gewannen durch ihre Betonung eines »revolutionären« Charakters eine große Prominenz, die allerdings auch die Kritiker auf den Plan rief. Im Falle Friedrich Nietzsches führte der revolutionäre Charakter seiner »Zukunftsphilologie« zum Ausschluss aus der Zunft: weniger deshalb, weil er eine philosophische Spekulation in den Mittelpunkt seiner spekulativen Überlieferungskritik gestellt hatte, als weil sie weitgehend auf textkritische Begründungen verzichtete. Aber man würde die »Geburt der Tragödie« verkennen, wenn man sie nicht als Experiment einer Steigerung der Höheren Kritik betrachtete.

Ohne das an dieser Stelle in der gebotenen Vielschichtigkeit ausführen zu können, kann die These aufgestellt werden, dass dieses Paradigma auch für Freuds *Traumdeutung* gilt. Freud entwickelt nicht nur eine kritische Sichtung der bis dato vorliegenden Traumdeutungsmethoden, sondern auch seinen eigenen »kritischen Apparat« und einen »genetic criticism« mit »recensio« und »emendatio«. Dieses Modell mit den philologischen Praktiken und Konzepten des 19. Jahrhunderts zu vergleichen, ist eine lohnende Aufgabe. Etwa durch folgende Übertragung, die aber nur *cum grano salis* zu verstehen ist: Das Unbewusste produziert Gesang, ein Redaktor und Zensor macht daraus Gesänge, in denen das Entscheidende verloren geht, außer es ließe sich aus anderen Überlieferungen und Ermittlungen mithilfe von Ersetzungen und Umstellungen wiederherstellen. Auch in diesem Fall ist die Loslösung der Hermeneutik zum Hindernis einer historischen Erkenntnis der bis zum Ende des 19. Jahrhunderts wirksamen Architektur aus »Hermeneutik und Kritik« geworden.[47]

Die kulturwissenschaftlichen Innovationen des 19. Jahrhunderts und der Leute, die im 19. Jahrhundert ausgebildet wurden, mit den Mitteln der Hermeneutik – und vor allem: sie als hermeneutische Errungenschaften – zu interpretieren (sic), führt zu einer ganzen Reihe von analogen Umdeutungen, die schon lange und auf recht unterschiedliche Weisen produktiv geworden sind, aber auf diesem Wege eine Darstellung der Konstitution des verwendeten Korpus ebenso verzerren mussten wie die Beurteilung ihrer eigenen historischen Beziehung zu diesem Korpus.[48] Die weitaus schwierigere Aufgabe bleibt, sie als Spielarten der Höheren Kritik zu rekonstruieren, und – sofern man ihren Impetus aktualisieren möchte – sie selbst einer Höheren Kritik zu unterziehen.

Allerdings fehlt bei einer einseitigen Betonung dieser revolutionären Pionierleistungen das, was Philologie als akkumulierenden Prozess ausmacht. Die genannten Zäsuren beruhten auf einem langen Vorlauf, sowohl vonseiten der Wissenschaft als auch durch den stetigen Ausbau ihrer Infrastruktur. Man kann sogar sagen, dass es insbesondere das Wachstum der philologischen Infrastrukturen war, das am Ende des 19. Jahrhunderts sowohl die spekulativen Ausweitungen der Höheren Kritik als auch die Abkopplung und Autonomisierung der »Hermeneutik« ermöglichte. Die historische Kritik machte seit der Renaissance eine ganze Reihe methodischer Fortschritte, die nicht nur zu neuen Persönlichkeitstypen, sondern auch zu kompakten Medienformaten eines akkumulierenden Wissens Anlass gaben – und zwar im Prinzip bis heute. Diese Formate werden auch von Schleiermacher durchaus benannt: Es sind bestimmte Medien der Schriftüberlieferung, die erst dazu geführt haben, dass sich die hermeneutische Aufgabe auf der Basis textkritischer Verfahren flächendeckend entfalten konnte. Textkritik und auch »Höhere Kritik« wurden, wie Anthony Grafton in einer Serie von Publikationen betont hat, seit dem Buchdruck immer einfacher, zumindest für diejenigen Sprachen und Territorien, deren Hilfsapparate billiger gedruckt und weiter verbreitet werden konnten:

Seit dem späten 16. Jahrhundert gab es durch den Buchdruck von Experten erstellte standardisierte Wörterbücher und Grammatiken sowie mythologische und geografische Nachschlagewerke, durch die leichtere und systematischere Überprüfungen möglich wurden. Das ist es, was wir mit einer gewissen Zweckentfremdung Schleiermachers »mechanische Fehler« nennen könnten, das heißt Fehlerfeststellungen, die durch recht einfache Mittel des Vergleichs und daher ohne »Divination« vorgenommen werden konnten. Die Feststellung »mechanischer« Fehler beruhte zunehmend auf »mechanischer« Reproduktion (oder besser: mechanisch-handwerklicher Reproduktion). In Anthony Graftons Zusammenfassung:

»Gelehrte des 16. Jahrhunderts konnten ihre griechische Literatur endlich in der profanen Form lesen, die durch mechanische Reproduktion zustande gekommen war, und lasen sie meistens in den handfesten zweisprachigen Folio-Ausgaben, die in der Mitte des 16. Jahrhunderts zum Standardformat wurden. Im Besonderen standen verlässliche Handbücher zur Stilistik, Syntax, Morphologie und Geografie bereit. Und schon die schiere Möglichkeit, die ganze Tradition kennenzulernen, brachte die Wirkung hervor, die solche Hinwendungen zum Material immer haben: Sie veränderte die Tradition selbst.«[49]

Die Philologen dieser Generationen erstellten zu ihrer Ergänzung der gedruckten Lexika private handschriftliche Lexika der Überlieferung. Bruchstücke dieser Tradition wurden verschenkt und archiviert. Aus dieser Erleichterung der lexikografischen und grammatisch-vergleichenden Arbeit entstanden fortlaufend neue Kenntnisse über historische »Sprachstufen«, aus denen wiederum leichtere Unterscheidungen von Textvarianten und Fälschungen resultierten (oder, wenn man die Leichtgläubigkeit anderer voraussetzen konnte, auch die Möglichkeiten eleganterer Fälschungen):

»Sie überprüften ihre Texte mithilfe der neuen Lexika, die sie zu lesen bekamen, und anhand der noch beeindruckenderen mentalen Lexika, die

> sie während ihrer harten und entsagungsreichen Arbeit angefertigt hatten. Mithilfe dieser Kompilationen wurde die griechische Sprache in historische Perioden gegliedert, die so hart und wohldefiniert erschienen wie geologische Schichten. Und dieser simple Akt der Lexikon-Überprüfung verwandelte ihre Textkritik aus diskutierbaren Hypothesen in unwiderlegliche Faktendarstellungen – ein Fundament für das stumpfe, aber solide Gebäude der modernen Literaturtheorie.«[50]

In diesen Sätzen sieht man bereits die Architektur der Philologie, die bei Schleiermacher vorausgesetzt ist, und die im Grunde bis heute die Invariante der philologischen Praktiken ausmacht:

- Synchrone »Sprachen« aus Grammatik und Lexikografie
- Diachrone »Sprachstufen«
- Editionen und textkritische Varianten
- Konkordanzen und Bibliografien
- Kommentierung und »Höhere Kritik«, und als ihre Sedimentierung:
- Nachschlagewerke zu Sachthemen (Mythologie, Ortsnamen, Geografie, Kartografie, die Identifizierung von Personen und Organisationen); und auf allen diesen Tätigkeiten und ihren materiellen Trägern aufruhend:
- Kommentierung unverständlicher und missverständlicher Textstellen, oder mit einem anderen Namen:
- »Interpretation«.

Die philologische Überlieferung ist ganz wesentlich ein »Apparat« mit den Fertigkeiten (*skills*), diesen Apparat zu bedienen und/oder ihn in Teilen herzustellen. In den Fähigkeiten der Hermeneutik gibt es prinzipiell keinen Fortschritt, außer durch den nichthermeneutischen »Apparat«, denn dieser erleichtert insbesondere die Falsifikation von Konjekturen, und damit das elementare textkritische Geschäft der Ausräumung irrtümlicher Tatbestände, mit anderen Worten der »Verbesserung«, die in der erdrückenden Mehrheit aller Fragen nicht durch interpretierende Divination, sondern durch den profanen Rekurs auf Autoritäten vorgenommen wird, eine Übung, die kaum mehr Interpretation und Begabung verlangt als das Platzanweisen im Kino:

»Nein, das Wort gab es noch nicht/nicht mehr; in dieser Bedeutung nicht; diese Vermutung entspricht nicht dem Wortlaut, der Datierung, den damaligen Institutionen oder Kunstregeln, nicht der Person des Autors usw.; nein, es handelt sich um eine andere Person gleichen Namens; der Ort, um den es sich handelt, hat folgende Namen: …« – ohne diese alltäglichen Verifikationen und Falsifikationen des »Apparats« könnte Philologie nicht bestehen. Und insbesondere die eingangs mit Steffen Martus charakterisierten hermeneutischen Interpretationen der Neuphilologien des 20. Jahrhunderts verlassen sich auf eine vorher nie dagewesene Konsolidierung der vorausgesetzten Falsifizierbarkeiten, sprich: Sie beruhen auf den Ergebnissen der in Lexikonwissen und sprachlichen Nachschlagewerken sedimentierten »Höheren Kritik« vergangener Zeitalter. Neuphilologie ist ein Kind der

Dampfpresse des 19. Jahrhunderts, die zum ersten Mal wirklich identische Exemplare in beliebiger Auflage und dadurch identisches Sachwissen ermöglichte.

Das heißt nicht, dass es im 19. Jahrhundert keine weiteren Fortschritte in den philologischen Praktiken gegeben hätte. Aber auch für das 19. Jahrhundert muss man erst einmal das lange Ausbleiben der hermeneutischen Literaturinterpretation konstatieren.[51] Dieses Ausbleiben lag sicherlich nicht daran, dass es in den Philologien keine Fähigkeiten und keine Wünsche der Literaturinterpretation gegeben hätte. Es liegt eher daran, dass diese Wünsche zuerst den Dilettanten, nämlich dem anrüchigen Gewerbe der Literaturhistoriker überlassen blieb, die wiederum keine Einzelinterpretationen schrieben. Die philologische Arbeit des 19. Jahrhunderts fokussierte sich vor allem auf ein einziges Unternehmen: die Übertragung der »Höheren Kritik« auf immer mehr Textkorpora, die linguistische Arbeit an immer weiter verfeinerten Sprachstufen und außereuropäischen Sprachen, und die methodische Weiterentwicklung der »Höheren Kritik« der antiken, mittelalterlichen und biblischen Überlieferungen. Für literarisches Interpretieren blieb angesichts dieser grundlegenden Expansion der Arbeiten lange Zeit zu wenig Freiraum, und daher fand Literaturinterpretation vor allem in Form der Literaturkritik statt, als jener »literary criticism«, aus dem die Literaturinterpretation erst gegen Ende des 19. Jahrhunderts in die angelsächsischen Universitäten vorstieß.

Vorher wurde die Aufgabe einer »Kritik der Überlieferung« zumindest einmal radikal vertieft oder vereinfacht. Diese Vereinfachung war in verschiedenen historischen Anwendungen ebenso folgenreich wie Lachmanns Erfindung der Stemmata-Ableitung, und zwar insbesondere in der Entwicklung der kritischen Ikonografie durch Aby Warburg. Wiederum mit Anthony Grafton und diesmal zum späten 19. Jahrhundert:

> »Um die Jahrhundertmitte hatte die Altphilologie ein neues und radikal einfaches Modell entwickelt, um die Überlieferung ganzer Texte oder einzelner Fragmente zu erklären: Schreiber schrieben einfach ab, was sie lasen; dies galt auch zumindest für einen Teil der Schriftsteller. Historiker, so argumentierte Heinrich Nissen, folgten diesem ›Grundgesetz‹, welches die gesamte Historiographie bis auf die Entwicklung der modernen Wissenschaft beherrscht. Ranke hatte in seiner Untersuchung zu Renaissance-Historikern gezeigt, ›wie sie Werke ihrer Vorgänger in der Art benutzten, dass sie dieselben einfach ausschrieben.‹ Antike Historiker hätten genauso gearbeitet. Konfrontiert mit Kompilationen dieser Art aus der Hand von Schreibern und Historikern, brauchten moderne Wissenschaftler eine kritische Methode, durch sie durch den existierenden Text hindurch auf die verlorene Quelle zurückgreifen konnten, die er in sich barg. Dabei erweisen sich Fehler und Idiosynkrasien als entscheidend. Gleiche Fehler in verschiedenen Manuskripten bewiesen, daß sie sich auf den gleichen Strang der Überlieferung bezogen. Dadurch wurde es Philologen möglich, die verloren gegangenen Manuskripte zu rekonstruieren, die am

Ursprung der überlieferten gestanden hatten. Stilbrüche und unklare Informationen in einem historischen Text ließen darauf schließen, daß der Autor an einem Punkt aufhörte, einen einzigen früheren Schriftsteller zu kopieren und einen zweiten konsultierte. Das Detail war hier entscheidend.«[52]

Ich greife wenigstens dieses eine Mal auf das Original zurück, also auf Nissen selbst. Nissen schreibt:

> »Livius ist kein Plagiator aber noch weniger ein Taschenspieler unter den Historikern, sondern er steht unter dem Einfluß desselben Grundgesetzes, welches die ganze Historiographie bis auf die Entwicklung der modernen Wissenschaft beherrscht. Ranke hat zuerst in glänzender Weise an einer Reihe von Geschichtsschreibern des 15. und 16. Jahrhunderts nachgewiesen, dass sie dieselben einfach ausschrieben. Nach ihm haben Stenzen Pertz Wahlmann Lappenberg Witz Sybel Giesebrecht u. A. dieses Prinzip weiter verfolgt und bestätigt; es ist so recht eigentlich der Grund- und Eckstein geworden, auf dem die kritische Forschung der germanistischen Schule ruht.«[53]

(6.) Die Infrastruktur der Hermeneutik

Nissens Rekonstruktion demonstriert die medienhistorischen Voraussetzungen der philologischen Überlieferung, aber auch der historischen Quellenkritik:

»Es hat sich aus der vorhergehenden Untersuchung für uns ergeben, daß Livius einen großen Teil der vierten und fünften Dekade ohne wesentliche Modificationen aus Polybios herübergenommen hat. Diese Thatsache involvirt ohne Weiteres den Schluß, daß er seine übrigen Quellen grade ebenso benutzte d. h., weil sie lateinisch abgefaßt waren, von der stilistischen Behandlung abgesehen, einfach ausschrieb. Vor Erfindung der Buchdruckerkunst ist dies die natürlichste Art und Weise nach den Werken der Vorgänger Geschichte zu schreiben. Eine Vergleichung und Sichtung mehrerer Darstellungen neben und aus einander Satz um Satz war wegen der technischen Schwierigkeiten im Alterthum schon nahezu unmöglich: man denke nur an das für einen solchen Zweck überaus unbequeme Rollenformat, dazu weder Kapiteleintheilung, noch Angabe der Seitenzahl, noch Indices; je größer die Anzahl der Rollen, desto mühseliger wurde die Arbeit. Ebenso unmöglich war es – wenigstens auf die Länge hin – nach dem Gedächtnis aus verschiedenen Darstellungen eine eigne selbständige zu bilden. Es blieb gar nichts Anderes übrig als eine einzige Quelle zu Grunde zu legen und diese nach Anderen oder nach eignem Ermessen durchzucorrigieren und wo es erforderlich schien anderweitig zu ergänzen. Der Bearbeiter gab auf diese Weise, um an eine geläufige Anschauung zu erinnern, eigentlich nur eine verbesserte Auflage seiner jedesmaligen Hauptquelle.«[54]

Braucht die Philologiegeschichte eine gründlich verbesserte und nach den Originalquellen erarbeitete Auflage? Zumindest die Kategorisierung der Philologie als »Hermeneutik« bedarf einer Berichtigung. Und auch wenn das nach den vorangehenden Ausführungen nicht mehr ganz so kryptisch klingt, ist »Berichtigung« selbst das, was auf dem Spiel steht. Die Konstitution der europäischen Philologie lag, ganz gleich welchen Zeitmaßstab man an ihre Geschichte anlegen will, nicht im »Verstehen« und »Interpretieren«. Sie lag im »Berichtigen«. Philologen waren Personen, die einen Text »Korrektur lesen« konnten, die in der Lage waren, einen überlieferten Text zu korrigieren. »Berichtigen« ist nicht »Verstehen«, es ist »Berichtigen«, die Fähigkeit, das Richtige vom Unrichtigen zu unterscheiden. Diese Fähigkeit kann heutigen Philologen als ein hermeneutisches Vermögen erscheinen, bis ins 19. Jahrhundert war es umgekehrt: Hermeneutik war ein Teil der Fähigkeiten des Verbesserns.

Diese Feststellung gilt für die Antike, sie gilt für die Renaissance, und sie gilt für das 19. Jahrhundert und den vorübergehenden Triumph der Philologie als Matrix und Statthalterin aller späteren kulturwissenschaftlichen Disziplinen im 19. Jahrhundert. Sie gilt mithin insbesondere für die deutschsprachigen Universitäten vor der Herausbildung der wissenschaftlichen Fachdisziplinen, die ruhmreichste Periode sowohl der deutschen Universitäten als auch der Philologie, sprich: der Erfindung der modernen Forschungsuniversität und ihrer Errungenschaften einer »Höheren Kritik«. Die Ablösung dieses Paradigmas durch das der Hermeneutik (mitsamt dem Erstarken der Geschichtsphilosophie auf Kosten historischer Forschung, und einer bewusst idealistisch argumentierenden Geistesgeschichte) fällt in den beginnenden und sich dann immer deutlicher abzeichnenden Niedergang der deutschen Kulturwissenschaften und ihrer Universität. Dieser Zusammenhang ist bis heute ohne eine entsprechende, das heißt ohne eine philologiehistorisch und philologisch angemessene Darstellung geblieben. Es handelt sich um das Kapitel, das sowohl in Fritz K. Ringers *Decline of the German Mandarins* als auch in James Turners *Philology* fehlt.[55]

Diese Feststellung verlangt eine historiografische Korrektur, die mit den bescheidenen Mitteln des hier vorliegenden Essays nicht zu leisten ist: die Entstehung des interpretativen Paradigmas, die mit dem Begriff der »Hermeneutik« verbunden wird, nicht als Anfang der modernen Philologie zu verstehen, sondern als das Ende der klassischen philologischen Tradition, oder sie zumindest als Teil einer neuen Arbeitsteilung zu würdigen, die kein antikes und kein traditionelles Vorbild mehr besaß, und sich daher immer nur als freihändige »invention of tradition« konzeptualisieren kann.

In der Selbstbegründung der Neuphilologien ist die Hermeneutik an die Stelle der Höheren Kritik gerückt; und in der Öffentlichkeit tonangebend sind seit dieser Zeit die Neuphilologien. Andererseits, und damit gabelt sich die historiografische Aufgabe, kann man, wie bereits kurz angedeutet, argumentieren, dass auch im hermeneutischen Zeitalter das, was man die philologische Infrastruktur nennen könnte, das heißt Wörterbücher, historische Grammatiken, Editionen, historische Quellenkritik, intakt geblieben ist und sich auf ungezählte Sprachen, Texte und Überlieferungen mehr erstreckt als jemals zuvor. Der Apparat der »Berichtigungen« ist gar nicht vergangen oder untergegangen; und seine Notwendigkeit wird nicht bezweifelt, sondern hat sich auch in den Neuphilologien trotz ihrer Interpretationswut stetig ausgeweitet. Die »Berichtigung« der Historiografie kann daher bereits durch eine schlichte Anamnese der philologischen Infrastrukturen zur Berichtigung des Konzepts der Philologie und der Textwissenschaften beitragen. Die Philologie bestand aus Grammatik, Textkritik und Hermeneutik. Hermeneutik und Kritik wurden im langen 19. Jahrhundert vor Dilthey immer zusammen konzeptualisiert.

Erst durch Dilthey und eine philosophische Begründung der Geisteswissenschaften ist die klassische Tradition der Philologie, man könnte auch sagen: das Bewusstsein ihrer infrastrukturellen Ordnung, verschüttet und verzerrt worden. Hingegen konnte die infrastrukturelle Ordnung selbst nicht untergehen, denn die Erstellung des philologischen »Apparats« folgt anderen Notwendigkeiten als denen einer philosophischen Selbstbegründung durch ihre Rekategorisierung als »Geisteswissenschaft« und ihre Praxis einer »Metaphysik der Metaphysik-Kritik« (die zentrale Mission der »philosophischen Hermeneutik« von Dilthey bis zu Heidegger und Gadamer und Ricœur und vielen anderen). Es hat keinen Sinn, dieser metaphysischen und durchwegs polemisch philosophierenden Geschichte eine eigene Metaphysik-Geschichte entgegenzusetzen; denn offensichtlich geschähe ein solches Manöver im klassischen Genre der geisteswissenschaftlichen Selbstbegründung bei Dilthey und seinen Nachfahren, und bestätigte auf diesem Wege Diltheys Problemstellung auf Kosten einer Selbstbegründung der Philologie.

Ich muss mich an dieser Stelle anstelle einer ausführlicheren Historisierung des Aufstiegs der Hermeneutik mit den zwei auffälligen Eckdaten begnügen, die den Aufstieg und das Nachlassen des Prestiges der »Höheren Kritik« in Deutschland markieren. Die »Höhere Kritik« wird im Kontext einer tiefgreifenden »Bildungsrevolution« des Selberdenkens und der Selbstkorrektur zu einer tonangebenden Domäne der deutschen Forschungsuniversitäten.[56] Sie verliert diesen Nimbus gegen Ende des 19. Jahrhunderts im Zuge einer anderen Bildungsrevolution, in deren Verlauf der Nationalstaat neue Schultypen und universitäre Fakultäten aus neuen Fachdisziplinen einrichtet, die sich unter anderem dem technischen Wissen der Naturwissenschaften, den Neuphilologien und der Nationalliteratur zuwenden. Die nationalstaatlichen Standardisierungen der Sprache und der kanonisierten Literatur erzeugen zusammen mit dem Erstarken der wirtschaftlichen und politischen Macht im Zeitalter der Industrialisierung und des Imperialismus einen erhöhten Bedarf an Geschichtsdeutungen, der durch die Gattungen der Geschichtsphilosophie, der Geistesgeschichte und der Interpretation kanonisierter Dichter gestillt wird. Diltheys Bemühungen um die Begründung der Geisteswissenschaften durch Hermeneutik fielen in diesen Zeitabschnitt; der Kanon der von ihm interpretierten Literatur war Nationalliteratur; die von ihm entworfenen historischen Rekonstruktionen besaßen eine patriotische Fluchtlinie; und seine Berufungspolitik war gegen die Vergabe von Ordinariaten an Juden gerichtet, und zwar auch dort, wo diese sich (wie etwa Simmel) um eine prägnante Einlösung des diltheyschen Programms bemühten. Das alles zusammen macht den Begründer der Geisteswissenschaften zu einer zentralen Größe innerhalb der Epoche des »Niedergangs der deutschen Mandarine«.[57]

Das Selbstverständnis der Philologie war im Zeitalter der »Höheren Kritik« im Wesentlichen praktischer Natur und verlangte keine philosophische Begründung. Die Selbstverständigungsschriften der Philologien vermittelten zwischen praktischen Fertigkeiten und noch zu leistenden Aufgaben durch die üblichen Kommentierungen einer »community of practice«: Aphorismen, Winke, Hinweise, Auflistungen, prophylaktische Unterscheidungen, die von Person zu Person anders ausfielen, und *ad hoc* herangezogene Wissenschaftstheorie. Die wissenschaftstheoretischen Motive bildeten, trotz ihrer ehrgeizigen Zuspitzung durch das freundschaftliche Trio von Schlegel, Schleiermacher und Boeckh, keine verbindliche Tradition; die Ziele und Mittel der »Höheren Kritik« wurden im Laufe des 19. Jahrhunderts nirgendwo wissenschaftstheoretisch vereinheitlicht. »Höhere Kritik« blieb ein kontroverses methodisches Abenteuer, und das gilt für die Grimms wie für Lachmann.

Bevor man erneut im Genre der Metaphysikkritik zur Rettung der Philologien versinkt, im Anschluss an einen der vielen Ansätze dieser Art zwischen Dilthey und de Man, sollte man das kontraintuitive Diktum erst einmal versuchsweise verallgemeinern: Der philologische Apparat war in der Moderne so stark geworden, dass er das Vorhaben einer Abkopplung der Hermeneutik, und die Schlagseite einer interpretierenden Literaturwissenschaft ermöglichen konnte. Was als theoretische Schwäche einer Nicht-Begründung der Philologie aus der Vielfalt ihrer Aufgaben und insbesondere ihrer textkritischen Vermögen erscheint, war zugleich eine ununterbrochene infrastrukturelle Stärke. Auch in den Neuphilologien fehlt der kritische Apparat keineswegs und wo er fehlt, wird er eingerichtet: Wissenschaftliche Editionen, Kommentare, Ausstellungen, Biografien, Bibliografien, historische Wörterbücher und Grammatiken werden eingerichtet, sobald der »hermeneutische Bedarf« dies verlangt. Und wo sie fehlen, muss man ins Literaturarchiv, selbst Editionen vorwegnehmen oder die klassischen Hilfsmittel des Philologen neu erfinden: Zettelkästen, sprachvergleichende Übungen, Vergleich von Auflagen, genetische Interpretation und Edition. Das heißt, der hermeneutische Bedarf sorgt für die nicht-hermeneutische Infrastruktur, aber auch für Texte zum persönlichen Gebrauch und daher im Zwielicht: Editionen, Biografien, Bibliografien, Konkordanzen, Sprachgeschichte usw.: im Handbetrieb oder als Teil einer Fachdisziplin.

Durch die Feststellung einer solchen Kontinuität der apparativen Medienformate gewinnen wir die Philologie des 19. Jahrhunderts nicht zurück. Nationalphilologien sind gebildet worden; die Komparatistik hat ihnen nie Paroli bieten können; Sprach- und Literaturwissenschaften tragen keine gemeinsamen Kontroversen mehr aus; die Geschichtswissenschaften verstehen sich nicht mehr als Philologien und umgekehrt. Die Fächer haben sich getrennt, und durch ihre Trennung wurden auf ganz pragmatische Weise Entwürfe betont und belohnt, die eine Fachidentität aus Gegensätzen und Dichotomien begründeten: Sprache versus Sache, Geschichte versus Literaturinterpretation; Nationalphilologie vs. Komparatistik; Literatur versus Sprache; Grammatik versus Literaturgeschichte; Korpora der Sprachen, Literaturen, Epochen.

Waren die philologischen Fachdisziplinen notwendig? Den zeitgenössischen Philologen schien es nicht so. Noch 1909 formulierte ein Professor der Altphilologie eine Art Kategorischen Imperativ für Philologen, der wenige Jahre zuvor noch selbstverständlich gewesen war und im 20. und 21. Jahrhundert nur noch von den wenigsten beherzigt werden konnte:

> »Wenn in der Praxis die Einheit preisgegeben scheint, weil die Fächer des Philologen im engern Sinne […] sich zu scheiden pflegen, so ist das nicht sachlich begründet […], sondern es ist diese Trennung unvermeidlich allein wegen der Grenzen, die der Spannweite unseres Geistes normalerweise gezogen sind. […] Trotzdem ist jeder Philologe verpflichtet, dem Übelstande der Trennung nach dem Maße seiner Begabung, soweit es nur irgend möglich ist, entgegenzuarbeiten.«[58]

»Seit Dilthey braucht der prinzipielle Unterschied zwischen Naturwissenschaft, der des 19. Jahrhunderts, und Geisteswissenschaft nicht mehr erörtert zu werden, wenngleich die Literaturwissenschaft noch nicht all ihren seinerzeit den Naturwissenschaften entlehnten und den eigenen Kriterien unangemessenen Kriterien entsagt haben dürfte.«[59]

In einem Punkt behält Szondi recht: Seit Dilthey ist ein prinzipieller Unterschied zwischen Geisteswissenschaften und Naturwissenschaften postuliert worden, und er betrifft die Philologien und die Literaturwissenschaft, und zwar schon in der Form des Postulats, dass die Unterschiede zwischen wissenschaftlichen Disziplinen allem Anschein nach nur durch Philosophen zu klären seien.

Das war nicht immer so. Die Philologie des 19. Jahrhunderts, wie sie von Boeckh versuchsweise systematisiert und enzyklopädisch zur Altertumswissenschaft zusammengefasst wurde, brauchte weder eine philosophische Anleitung noch eine philosophische Legitimation. Das bedeutet nicht, dass es im 18. und 19. Jahrhundert keine philosophischen Begründungen philologischer Tätigkeiten gegeben hat, und dass es sich nicht lohnt, sie nachzulesen. Chladenius' Ausführungen zum Perspektivismus der Geschichtsschreibung wären ein klassisches Beispiel für eine philologisch-philosophische Assemblage, genauer gesagt, für eine fruchtbare Mischung aus philologischen, rhetorischen und philosophischen Motiven.[60] Aber die philologischen Tätigkeiten waren auf solche

Begründungen nicht angewiesen, und das gilt auch für Boeckhs (angebliche) Hegel-Adoption in der Formel einer »Erkenntnis des Erkannten« oder Schleiermachers Vorlesungen zu »Hermeneutik und Kritik«. Und im Übrigen auch für die Schriften zur biblischen Hermeneutik, und zwar schon allein deshalb, weil das Leitbild der Philologie des 19. Jahrhunderts aus einer historischen Kritik der Überlieferung bestand, und die kritische Tätigkeit (auch bei Schleiermacher) nicht aus einer Abwandlung der Bibelhermeneutik begründet werden konnte.

Diltheys Intervention zur Grundlegung der »Geisteswissenschaften« durch seinen Entwurf einer lebensphilosophischen »Hermeneutik« konnte Zeitgenossen erst einmal als Angebot eines philosophischen Fraternisierens an die Philologie erscheinen, zumal sie in jeder Hinsicht Fragment blieb und nirgendwo als System vorlag. Ein solches Fraternisieren von Philosophen bei Philologen war nichts Neues, und zumindest einmal betraf dieser Wunsch auch die Höhere Kritik. Körte berichtet in seiner Wolf-Biografie aus dem Jahr 1799:

> »Fichte hatte von Jena durch Hülsen den Philologen Wolf in Halle besonders grüssen und ihm sagen lassen, dass er auf dem Wege der philosophischen Construction ganz zu demselben Resultat über die Homerischen Gesänge gelange, welches Wolf durch seine geistreichen philologischen Forschungen gefunden.«[61]

Durch die Übermittlung des Briefs und anschließende Reaktionen entstand der Verdacht, Wolf habe sich über Fichtes philosophische »Construction« lustig gemacht. Daraufhin schreibt Fichte direkt an Wolf:

> »Ich bin nicht Philolog von Profession; als Philosoph bin ich bekannt. Als Philosoph nur durfte ich die historische Entdeckung würdigen. Und da äusserte ich denn, dass auch mir auf meinem eigenen Wege a priori eingeleuchtet habe, nicht – denn dies wäre kindisch – dass die bestimmten Gesänge, die wir unter Homer's Namen haben, nicht von Einem Verfasser herrühren, – sondern dass es nicht in der ursprünglichen Natur eines Menschen liege, mit dem, was Aristoteles eine Epopöe heisst, anzufangen, noch überhaupt ohne eine äussere Veranlassung (den späteren Heldendichtern wurde die Meinung von Homer's Gedichten diese Veranlassung) so etwas hervorzubringen; kurz die Epopöe ist nichts nothwendig im menschlichen Geiste Gegründetes (so wie etwa die Dichtkunst überhaupt), sondern nur etwas zufällig Entstandenes.«[62]

Auch Philosophen können sich bekanntlich irren, wenn sie durch Introspektion bestimmen wollen, was in der ursprünglichen Natur eines Menschen (oder vieler anderer Wesen) liegt oder nicht liegt, und von 100 solchen Konstruktionen sind weniger als fünf wert, weiterverfolgt zu werden. Aber das ist, wie bereits zitiert, in der Philologie nicht anders, und tut der Wissenschaftlichkeit der Philologie und der Philosophie keinen Abbruch. Fichtes Fraternisieren blieb folgenlos. Der Fall der Philosophischen Hermeneutik ist anders gelagert. Schließlich setzte sie ein funktionsfähiges und fruchtbares Paradigma der späteren »Geisteswissenschaften« voraus, aber nur, um die Architektur dieses Paradigmas und dessen interne Hierarchie und Aufgabenteilung zu ignorieren. Die Philosophische Hermeneutik ist schon allein deshalb fragwürdig, weil sie ein »Verstehen« ohne eine kritische Verbesserung der Überlieferung vertrat, und im Zuge dieses Bemühens nicht mehr verstand, was Wissenschaft ist. So zumindest sahen es einige Zeitgenossen. Diese Diagnose soll abschließend kurz dargestellt werden.

Franz Schnabel schreibt in seiner »Deutschen Geschichte des 19. Jahrhunderts« – die bekanntlich nur eine Geschichte der ersten Hälfte dieses Jahrhunderts werden sollte:

> »Die klassische Philologie war im Zeitalter Hegels die einzige Konkurrentin der Philosophie. Sie war die Vorkämpferin der neuen, induktiven Forschung; sie verfügte über eine starke Tradition, über feste Normen und über eine bestimmte Gewöhnung, die Dinge zu betrachten. Dies sicherte ihr die Führerrolle im Reiche der Erfahrungswissenschaften: die meisten Begründer der historischen und philologischen Einzeldisziplinen haben denn auch als klassische Philologen, als Schüler Wolfs und Boeckhs begonnen. Alle anderen Wissenschaften folgten in weitem Abstand. Sie alle machten die gleiche Bewegung durch, sie lösten sich von der Spekulation, sie schritten vom Abstrakten zum Konkreten. Die Frage nach dem Verhältnis von Naturwissenschaft und Geschichtswissenschaft

> war daher in jener Zeit noch nicht dringend. … Noch verlief die Scheidungslinie zwischen Erfahrungswissenschaft und Spekulation. So ist das 19. Jahrhundert ein Zeitalter des geschichtlichen Sinnes und zugleich ein naturwissenschaftliches Zeitalter geworden.«[63]

Diese Zusammenfassung lässt ermessen, wie sehr sich die Auffassung der Humanwissenschaften im Laufe des späten 19. Jahrhunderts verschoben hat, bis zu Diltheys Rekonstruktion einer »Deutschen Bewegung«, deren angebliches Kennzeichen genau das Gegenteil gewesen sein sollte, nämlich Spekulation und Erfahrungswissenschaft, historisches Wissen und philosophisches Systemdenken zu vereinen. Diese gemeinsame »Deutsche Bewegung« hat es nie gegeben; sie ist eine von Dilthey und seinen Mitstreitern geschaffene Geschichtsklitterung des späten 19. Jahrhunderts, das seine eigenen Grundlagen nicht mehr verstand, weil es die Verselbstständigung der Naturwissenschaften und ihre nicht zu bändigende technische Dynamik als Gegenteil ihrer eigenen Bemühungen wahrnahm und entsprechend stilisierte. Was Dilthey in seiner Begründung der Geisteswissenschaften auszeichnete, war keine Kenntnis der wissenschaftlichen Arbeitsteilung, sondern der Wille zum Separatismus. Dieser Separatismus erstreckte sich nicht nur auf seine Neubegründung der Hermeneutik als Organon der Geisteswissenschaften, sondern in alle von ihm aufgegriffenen Dichotomien zur Trennung der Geistes- von den Naturwissenschaften, allen voran in seinen Versuch, die natur- von einer geisteswissenschaftlichen Psychologie zu unterscheiden. Die erstere nannte er die »erklärende Psychologie«, und stellte ihr eine »beschreibende Psychologie« gegenüber.[64] Separatismus und Dichotomienbildung zeichnen auch dieses Seitenstück einer Begründung der Hermeneutik aus. In diesem Fall stieß Dilthey allerdings auf den energischen Widerstand eines terminologisch geschulten Fachvertreters, der Diltheys Argumentation gründlich auseinandernahm. Die Widerlegung Diltheys durch Ebbinghaus ist ein Meisterstück an begrifflicher Klarheit und widmet sich Diltheys Ausführungen wie Sonnenschein, der den Nebel im Tal vertreibt.[65] Seite für Seite weist Ebbinghaus nach, dass sich Dilthey Illusionen über die Besonderheit seines Denkens und die Besonderheiten der von ihm postulierten beschreibenden Psychologie macht. Wohlgemerkt, es handelt sich um die von Dilthey entworfene empirische Basis für das, was die Geisteswissenschaften den Naturwissenschaften entzieht und zur geisteswissenschaftlichen Begründung der »Hermeneutik« und der Geisteswissenschaften aus der »Hermeneutik« hätte dienen sollen. Man muss die Widerlegung durch Ebbinghaus gelesen haben, um wiederum einen Sinn für den Separatismus Diltheys und seiner Zeitgenossen zu entwickeln, einen Separatismus, den wir in erschreckendem Ausmaß von Dilthey geerbt haben, obwohl er damals wie heute auf tönernen Füßen steht. Auch wenn heute »Erklären« und »Beschreiben« als Gegensatzpaar zur Charakterisierung ganzer Wissenschaften oder Wissenschaftsentwürfe bemüht werden, stellt sich die Frage, warum wir lieber mit Dilthey irren als mit Ebbinghaus recht behalten wollen, und warum eine ganze Generation der deutschen Zwischenkriegszeit die Begründung der Geisteswissenschaften aus dem Vermächtnis eines Wissenschaftlers gewinnen wollte, der das »Verstehen« dem »Erklären« entgegensetzte, aber dabei sein eigenes Tun weder erklären noch verstehen konnte.[66] Für die philologischen Tätigkeiten braucht man weder eine neue Erkenntnistheorie noch eine neue Metaphysik, die »Erklären« und »Verstehen« entgegensetzt, so Ebbinghaus. Für die Höhere Kritik gilt wie für andere wissenschaftliche Tätigkeiten auch:

> »Unter Umständen kann erst von einer einleuchtenden Hypothese aus die Entscheidung einer reinen Tatsachenfrage gewonnen werden; man wird das als richtige Charakterisierung eines Tatbestandes ansehen, was auch im übrigen in einen zu vermutenden Zusammenhang der Dinge am besten hineinpaßt.«

Das ist keine Hermeneutik im Sinne der Philosophischen Hermeneutik Diltheys, Heideggers oder Gadamers, aber es ist eine Anleitung zur Gewinnung philologischer Tatbestände aus einer einleuchtenden Hypothese, wie in den Fällen der Textkritik, der Quellenkritik und Kommentierung schwieriger Stellen, und der im 19. Jahrhundert betonten Abstufung zwischen wahrscheinlichen, plausiblen und vermutlichen Sachverhalten. Die Formulierung von Ebbinghaus markiert auf diese Weise den Bruch der philosophischen Hermeneutik mit der gemeinsamen Rationalität der Wissenschaften des 19. Jahrhunderts, den folgenreichen Separatismus einer Begründung der Geisteswissenschaften, die immer in Gefahr stand, vonseiten zahlreicher Naturwissenschaftler nur allzu begierig aufgegriffen zu werden, um den Wissenschaftsstatus der Separatisten in Zweifel zu ziehen. Geisteswissenschaft begründete sich seit Dilthey nur noch selten durch eine allen Wissenschaften gemeinsame Rationalität, und vielmehr durch den Wunsch, diese gemeinsame Rationalität aufzukündigen.

Allen voran durch Heidegger mit dem bekannten Kraftspruch: »*Aber in diesem Zirkel*«, der in dem Sachverhalt besteht, dass »*Auslegung sich je schon im Verstandenen bewegen und aus ihm sich nähren muß*«, darin »*ein vitiosum sehen und nach Wegen Ausschau halten, ihn zu vermeiden, ja ihn auch nur als unvermeidliche Unvollkommenheit ›empfinden‹, heißt das Verstehen von Grund auf mißverstehen.*« Der »Zirkel des Verstehens« sei »der Ausdruck der *Vor-Struktur* des Daseins selbst.«[67] In der Logik sei ein solcher Zirkel *vitiosus*, in der Hermeneutik nicht. Wenn man das zugesteht, klar, dann kann man auch alles Weitere zugestehen. Ganze Generationen von Philolog:innen haben sich ins Bockshorn jagen lassen.

Zwei Auffälligkeiten dieser Imponier-Kursivierung, die wenige Jahre zuvor als Sperrdruck erschienen wäre und ihr Dasein dem vormaligen Sperrdruck verdankt:

Erstens die falsche Empfindung derer, die *das* nicht verstehen oder nicht einmal das (was aufgrund seiner Zirkularität nicht begriffen, sondern nur (vor-) verstanden werden kann). Die Warnung und Drohung, dass man als Leser (und der Leser als »man«) falsch empfinden könne (*mea res agitur*), ein aus Erbauungstexten entlehnter Drohgestus, der im Prinzip besagt, dass dieses Empfinden einen Verrat an der Sache (des Verstehens) bedeutet oder, ins vormals Christliche übersetzt: auf eine sündige Einstellung hindeutet, weshalb das einzig richtige Empfinden wie ein noch funktionierender Instinkt keine Nachfrage und keinen Zweifel erlaubt. Diese Drohung und Warnung ist ein Gestus, der unverzüglich Zweifel und Nachfragen auslöst, die aber nicht mehr zugelassen sein sollen, was dazu führt, dass der Text ein »double bind« in sein Lesen einbaut: Zweifelst Du (etwa)? Wenn ja, dann hast Du »das Verstehen« nicht verstanden. Aber wenn Du nicht zweifelst oder nicht zweifeln willst, wer gibt Dir Auskunft über den richtigen Gebrauch des Zirkels, der ausgelegt sein will, weil erst durch ihn das Auslegen ausgelegt würde?

Zweitens, dass die Auslegung sich aus dem (schon) Verstandenen »nährt«. Wer falsch empfindet und damit das Verstehen (und sein eigenes »Dasein«) missversteht, findet sich von einer nährenden Substanz abgeschnitten. Diese entstammt, wie sich bald darauf herausstellt, dem Boden: »Der ›Zirkel‹ im Verstehen gehört zur Struktur des Sinnes, welches Phänomen in der existenzialen Verfassung des Daseins, im auslegenden Verstehen verwurzelt ist.« (ebd.) Nährend und verwurzelt: Diese Struktur ist offensichtlich ein »Nährboden«, der alle ausschließt, die an ihm zweifeln oder ihn als unvollkommen ›empfinden‹, mit anderen Worten eine Frage des Glaubens (*fides*, *pistis*) und nicht die einer kritischen Nachfrage oder gar des von Boeckh gerühmten misstrauischen Sinns (*animus suspicax*). Die Struktur des Sinns ist eine Verwurzelung und kein Umherschweifen, auch das scheint sicher. So weit eine vorläufige Auslegung dessen, was jeder Auslegung zugrunde liegen soll.

Was immer man von Heideggers und Gadamers Vorverständnis und Selbstverständnis halten will: Das scheint nicht die Welt der textkritischen oder quellenkritischen Forschung des 19. Jahrhunderts gewesen zu sein, es scheint sogar eine ganz und gar entgegengesetzte Weltauffassung; und es stellt sich mir die Frage, warum diese philosophische Auffassung der »Auslegung« und des »Verstehens« für Philologen relevant sein sollte.[68] Und der Duktus des Vorgetragenen spricht kaum dafür, dass hier ein seriöses Angebot an die Philologie gemacht wurde, zumal dieses Angebot wiederum auf eine einseitige Ermächtigung der Hermeneutik hinausliefe. Auslegungen beruhen auf Editionen; und Editionen nähren sich von Misstrauen, und von unvermeidlichen Unvollkommenheiten.

Aber das ist nicht der einzige Nachteil einer philosophisch ermächtigten Hermeneutik. Diese bezog sich nämlich mit Vorliebe nicht auf eine philologische, sondern auf eine theologische Tradition der Hermeneutik. Und diese bildet seit ihrer Kodifizierung in der protestantischen Theologie einen bewussten Kontrapunkt zur historischen Wahrheit, die Gegenstand der historischen Quellenkritik und der »Höheren Kritik« bleibt. Dieser Kontrapunkt ist auch der Grund, warum die Verselbstständigung und Absolutsetzung der hermeneutischen Aufgabe (in der Philosophischen Hermeneutik) so schwerwiegende Folgen einer immer wieder zu beobachtenden Vernachlässigung und Suspension der Wahrheitsfrage nach sich zog. Diese Suspension ist, anders als oft kolportiert, kein Werk des Poststrukturalismus, der Postmoderne oder der Schriften Friedrich Nietzsches. Es handelt sich um eine technische Disposition der Hermeneutik, deren logische Unterscheidungen einerseits um 1700 *als »Hermeneutik«* kodifiziert wurden und andererseits auf eine längere exegetische Tradition zurückgehen.

> »Im Gegensatz zur synthetischen Methode des Aristoteles entwickelt er [J. C. Dannhauer] in Anlehnung an die Methode der Analyse oder der *methodus resolutiva*, deren Ausbildung die Leistung der Logiker des späten 16. und frühen 17. Jh. war, eine *hermeneutica analytica*, die den wahren und falschen Sinn einer Aussage zu beurteilen hat, als Vorstufe zur analytischen Logik, die den wahren oder falschen Sachverhalt festzustellen hat. Analytische Hermeneutik und analytische Logik zielen beide auf Wahrheit und Falschheit, ›aber sie unterscheiden sich dadurch, daß jene (sc. die *hermeneutische*) auch den wahren Sinn auch der falschesten (Text-) Stelle zu erforschen lehrt, diese jedoch die Wahrheit einer Schlussfolgerung aus wahrsten Prinzipien ableitet‹ (*sed differunt inter se, quod ille verum loci etiam falsissimi sensum inquirere doceat, haec veritatem conclusionis e principiis verissima deducat*), welche Aufgabe der Hermeneutik auch aus dem ausführlichen Titel des Buches hervorgeht: Johann Conrad Dannhawerus, *Idea boni interpretis et multiori calumnatoris, quae obscuritate dispulsa verum sensum a falso discernere in*

> *omnibus auctorum scriptis ac orationibus docet, et plene respondet ad quaestionem unde scis hunc esse sensum, non alium*, Straßburg 1652. Dannhauer isoliert damit den Sinn einer Aussage, trennt ihn von der Frage ihrer Wahrheit und setzt diesen Sinn als Gegenstand der neuen Methode der Hermeneutik fest«.[69]

Eine solche Isolation des hermeneutischen Sinns war weder neu noch wurde sie abschließend geklärt. Entsprechende Unterscheidungen von »sensus« und »sententia« gehen auf die Scholastik zurück, und die Suspension der Wahrheitsfrage zur Bestimmung des Sinns ist vermutlich so alt wie die Option einer technischen Exegese, die verschiedene Möglichkeiten des Sinns einer Aussage durchspielt. Andererseits bleibt es zweifelhaft, ob man den »Sinn« einer Aussage konsistent von Annahmen über sein Wahrsein oder Falschsein trennen kann, oder ob sich nicht auch der Sinn je nach Bezugnahme auf reale Personen und Ereignisse verändert, und zwar auch dann, wenn man nur den »Sinn« isolieren will. Eine angenommene Wahrheit hat andere Konsequenzen als die Annahme, eine Aussage sei falsch; und unter Umständen wird sie zur Tatsache. Noch einmal Ebbinghaus in seiner Erwiderung Diltheys:

> »Unter Umständen kann erst von einer einleuchtenden Hypothese«, nämlich den angenommenen Sinn einer Aussage betreffend, »aus die Entscheidung einer reinen Tatsachenfrage gewonnen werden; man wird das als richtige Charakterisierung eines Tatbestandes ansehen, was auch im übrigen

in einen zu vermutenden Zusammenhang der Dinge am besten hineinpaßt.«[70]

Auch das Umgekehrte ist möglich. Beide Male werden die Bestimmung des Sinns und die Feststellung des Wahr- oder Falschseins einer Aussage nicht getrennt behandelt (oder diskutiert); und das ist auch ein Normalfall innerhalb einer logischen Analyse oder innerhalb einer literarischen Hermeneutik. Den Sinn auch des Falschesten zu bestimmen, verläuft unterschiedlich und führt zu unterschiedlichen Aussagen, je nachdem ob man das Ausgesagte für falsch oder wahr hält. Im Alltag verlaufen die Sinnzuschreibungen niemals ganz unabhängig von der Frage, was die Konsequenzen des Wahrseins oder Falschseins sein würden. Auch der Entschluss, keine Entscheidung über das Wahrsein oder Falschsein eines gewonnenen »Sinns« zu fällen, kann nicht darüber hinwegtäuschen, dass die Zuschreibungen dieses »Sinns« nach Wahrheitskriterien beurteilt werden, die je nach Dringlichkeit, Anlass und Aufwand der Untersuchung schwanken. Es bleibt ein Unterschied, ob man ein Märchen als eine eigene Wirklichkeit, oder eine Wirklichkeit als Märchen behandelt. Beide Male stellt man unter Umständen den »Sinn auch des Falschesten« heraus. Aber diese Gemeinsamkeit kann nicht begründen, wie die Auslegung in den beiden Fällen verläuft, und welchen Sinn und welche Bedeutung sie ihnen zuteilwerden lässt. Der Text, dem man mehr Anlässe zur Wahrheitsfindung zutraut, entfaltet im Sinn auch des Falschesten mehr Aufschlüsse als der Text, den man nach einem kurzen Blick als belanglos verwirft.

Den hermeneutischen »Sinn« zu isolieren, oder die Hermeneutik gegenüber jeder Kritik und jedem Sachwissen zu isolieren, erzeugt in jedem Fall Fiktionen: Fiktionen einer Autonomie des »Sinns« vor und außerhalb jeder bereits festgestellten »Wahrheit«, und Fiktionen der »Wahrheit« des »Sinns« innerhalb einer Exegese, die auf eine eigene Textkritik und linguistische Arbeit verzichtet. Aber am Ende des Tages sind das Illusionen: Wir können die Wahrheitsfrage für eine längere oder kürzere Abwägung suspendieren, aber wenn wir sie auf Nachfragen hin suspendiert halten, entscheiden andere für uns, dass wir sie zumindest momentan negativ entschieden haben.

Um alle diese Fragen weder zu vertagen noch um sie abzuschließen: Die deutsche Sprache gibt auch mehr als einhundert Jahre nach der Durchsetzung des hermeneutischen Paradigmas genügend Gründe für Formulierungen, die Verstehen und Erkennen zusammen behandeln und sowohl das Erkennen als auch das kritische und selbstkritische Verbessern dem hermeneutischen Verstehen überordnen. Und es empfiehlt sich, auch den »Sinn des Falschesten« daraufhin zu untersuchen, ob er einer möglichen oder einer niemals möglichen Wahrheit entspricht, oder einer Wahrscheinlichkeit, einer Plausibilität, oder einer Vermutung. Historiker werden das ohnehin tun; und Philologen sollten in der Lage bleiben, historische Fragen historisch zu beantworten. Das Prestige der Philologien verfiel, als dieses Ziel aufgegeben wurde und Philologen anfingen zu glauben, die »Geschichte im Kunstwerk« sei auch ohne tiefere Kenntnisse vom »Kunstwerk in der Geschichte« zu verstehen.[71]

Anders als die philosophische Hermeneutik Gadamers und Heideggers nahelegte, bietet Alltagshermeneutik keine Handhabe, der Struktur ihres Vorverständnisses wissenschaftlich zu folgen.[72] Wie bereits Schleiermacher erkannt hatte, ist es vielmehr die kritische Fähigkeit des Verbesserns, die in jeder alltäglichen Interaktion gefordert und gefördert wird und die Vorverständnisse der Interaktionspartner korrigiert. Nur das Missverständliche können wir durch eine methodische Hermeneutik besser verstehen (so Schleiermacher), und wenn wir es verständlich werden lassen, gibt es nichts, was diese Vorgänge vom Erkennen, Kommentieren und Hypothesenbilden anderer Wissenschaften unterscheidet (so Ebbinghaus). Ein *unkritisches* Verstehen zur Grundlage der Auslegungskunst machen zu wollen, deutet auf ein ontologisches Missverständnis der menschlichen Interaktion, dessen Genese und Folgen einer umsichtigeren historischen Anamnese bedürfen, als sie hier auf der Grundlage einer schmerzlichen Selbsterkenntnis angedeutet werden kann:

> »Es ist das Bürgertum, das die Krankheiten verharmlost. Im Übermut seiner Erkenntnisse aus den Naturwissenschaften des 19. Jahrhunderts glaubt es, der Verstand sei dem Menschen zwecks Verstehen gegeben und nicht etwa zum Denken. Denn, wer denkt, schießt gelegentlich auch über das Ziel hinaus, während die, die drauf aus sind alles immer nur zu verstehen, sich hüten werden, sich aus dem Fenster zu lehnen, es könnte ja sein, dass sie unversehens über den Rand der Welt kippen, ohne vorher in einer Selbsthilfegruppe gewesen zu sein.«[73]

Wie kann ich besser interpretieren?

Q: »Hallo liebe gute frage-team user,
ich habe ein problem und zwar kann ich nicht gut interpretieren. Deshalb bin ich auch nicht so gut in Deutsch. Ich weiß einfach nicht, wie ich das lernen kann/soll. Könnt ihr mir vielleicht ein paar tipps geben? Fänd ich super.
Danke und liebe grüße«
A: »Ich war immer sehr gut im Interpretieren… mal überlegen, wie ging das… auf jeden Fall ist natürlich jeder Text anders, ich kann dir da nur eine Ahnung geben, worauf du achten musst. wenn du einen Text interpretierst, siehts du ihn als ein Rätsel, dass du lösen musst. So wie Dr. House oder Columbo.
Also, egal ob Gedichte oder Geschichte, erstmal komplett lesen und dabei Notizen machen. Das muss noch nichts Konkretes sein. Ich habe oft meine besten Ideen, wenn ich erstmal überlege, wie ich mich beim Lesen fühle. Habe ich zB ein ungutes Gefühl, wenn ich die Beschreibung eines schönen Sommertags lese, dann schau ich, inwiefern das gerechtfertigt sein kann. Der Autor hat dann vll Worte wie »schwül«, »drückende Hitze«, »Staub« etc verwendet, alles negative Seiten eines Sommertags. Der Autor deutet damit vll schon an, dass dem Protagonisten noch etwas unangenehmes bevorsteht.
Mit Assoziationen kannst du an diesem Punkt viel erreichen. Woran erinnert dich das Ge-

schriebene? Welche Bilder hast du beim Lesen in deinem Kopf? *Warum* findest du einen Charakter, der eigentlich das richtige macht und lieb, nett und zuvorkommend ist, so unsympathisch? Oder umgekehrt. Normalerweise gibt es Hinweise in dem Text, die so einen Widerspruch erklären.
Widersprüche in einem Text sind überhaupt das Wichtigste. Sie geben dir einen Anreiz, zum Nachdenken – wenn du eine schlüssige Erklärung für einen scheinbaren Widerspruch gefunden hast, hast du das Rätsel so gut wie gelöst.
Wenn du erstmal einen groben Überblick über den Text hast und ein paar Theorien, was dies oder jenes bedeuten könnte, schaust du auch auf die Struktur. Es ist wichtig, literarische Stilmittel erkennen zu können, wie Alliteration zB. Wenn der Autor schreibt »Alle anderen Ameisen aßen Aas«, ist das eine derart starke Häufung des Anfangsbuchstabens A, dass du deine Aufmerksamkeit einfach drauf richten musst.«*

* Quelle: »Wie kann ich besser interpretieren?«, Eintrag online abrufbar unter {www.gutefrage.net/frage/wie-kann-ich-besser-interpretieren}, laut Selbstauskunft »Deutschlands grösste Frage-Antwort-Plattform«, letzter Zugriff am 2. Januar 2023 (mit allen Flüchtigkeitsfehlern transkribiert). Verwendete Abkürzung: »vll« für »vielleicht«. Kommentar: Der Ameisensatz scheint kein Zitat und kein Plagiat zu sein.

Zweiter Teil: Anfängerübungen und ihre Folgen

»L'ancienne rhétorique regardait comme
des ornements et des artifices ces figures et ces
relations que les raffinements successifs
de la poésie ont fait enfin reconnaître comme
l'essentiel de son objet ; et que les progrès de
l'analyse trouveront un jour comme effets
de propriétés profondes, ou de ce qu'on pourrait
nommer : *sensibilité formelle*.«

(Paul Valéry, *Tel Quel*)

(1.) Literarische Sozialisation

In stratifizierten Gesellschaften, und das nicht nur in Schriftzivilisationen, wird auch das literarische Wissen so stratifiziert, dass die literarische Kompetenz und Kennerschaft mit dem Alter zunimmt, und diese Kennerschaft für ihre Adepten die eigentliche ästhetische Qualität der literarischen Interaktion und des literarischen Genusses ausmacht. Es gibt wenige Zweifel daran, dass die Anfänger und Novizen unvollkommen und mit Fehlern behaftet sind, und dass sich ein Virtuosentum erst nach einiger Zeit durch Übung einstellt, aber auch dann je nach Begabung und Lebensumständen. Jedes technische Können bildet eine »Community of Practice«, und wer dazustößt, hat keinen Anspruch auf eine Anleitung, die zum Erfolg führen muss, geschweige denn auf eine Leitungsfunktion. Allem historischen Anschein nach waren alle handwerklichen Ausbildungen von einer überraschend hohen Aussteigerquote geprägt und hielten für mehr als die Hälfte der Anfänger nicht das, was sie versprachen.[1]

Unter solchen Bedingungen waren auch die literarisch Tätigen nur eine Minderheit unter den entsprechend Ausgebildeten, ohne dass man damit schon eine besondere Eignung festgestellt hätte. Selbst in den unzweifelhaft akademischen Berufen, im Gelehrtenstand, waren es bekanntlich einige Jahrhunderte lang

Familien, die mit wechselndem Geschick ihre nächste Generation ins Rennen schickten, um die wenigen Stellen unter Kontrolle zu behalten, und daher frühzeitig abschätzen mussten, ob sich die langfristige Investition in eine Ausbildung lohnte, zu deren nahezu selbstverständlicher Kompetenz eine literarische Autorschaft gehörte. Das chinesische Pendant ist bekannt: die jahrelange Investition von Sippschaften in eine literarische Ausbildung und ihre epigonale, aber situativ unter Beweis gestellte literarische Autorschaft, die fortlaufend kultiviert werden musste, um durch Prüfungen eine der begehrten Beamtenstellen zu erwerben, oder um bei wiederholtem Nicht-Bestehen als Koordinator und lokaler Assistent eines Beamten auf Wanderschaft zu gehen.[2]

Niemand hätte in diesen Gesellschaften erwartet, dass die Anfängerübungen eine besondere Dignität versprechen, es sei denn im Sinne der bereits aus Ägypten überlieferten Merksprüche, die zu blindem Fleiß aufforderten und dafür ganz unverblümt ein Leben ohne schwere physische Arbeit versprachen, und, was in allen alten Kulturen noch schwerer wog, auch im Krisenfall nicht zu verhungern. In agrarisch geprägten Gesellschaften wird ohnehin nur selten bezweifelt, dass die Alten und die Ahnen den Zeitgenossen an technischer Geschicklichkeit und moralischer Urteilskraft überlegen (gewesen) sind, und zwar weil in diesen Gesellschaften so viele technische Fertigkeiten und praktische Hilfestellungen zu erlernen sind, dass deren Wissen nur von den Ahnen und ihren Vorfahren und damit aus einem kanonisierten Altertum kommen kann. Das ideologische Gewicht von agrarischen Gesellschaften liegt daher, wie man sagen könnte, schon aus infrastrukturellen Gründen auf einer Wiederholung und Aktualisierung der Vergangenheit.

Das Sein bestimmt das Bewusstsein. Selbst die unzweifelhafte Anerkennung einer Neuen Welt presste die Nachrichten aus diesem Teil der Welt in die Schablonen einer Antike, deren Interpretation dadurch eine neue Aktualität erhielt. Das infrastrukturelle Gewicht einer kanonisierten Antike hatte Folgen für die interne Stratifizierung des Wissens, aber diese Folgen konnten zweideutig sein. Die Grundausbildung war ein oft genug durchaus brutaler Initiationsakt, ein noch unverstandener und daher rigoros befolgter Schritt auf einem Weg, der auf die höheren Stufen der moralischen und technischen Ahnen-Ähnlichkeit abzielte. Novizen besitzen weder die notwendige Raffinesse noch die Erfahrung, um die ästhetischen oder literarischen Qualitäten, die sich durch eine jahrelange intensive Lektüre einstellen, beurteilen zu können. Eben deshalb üben sie sich in Nachdichtungen, um das Geschmacksurteil ganz praktisch zu erarbeiten. Das gilt um so mehr, als die erlernte heilige Sprache oder Schriftsprache prinzipiell eine Fremdsprache ist, die gegenüber der Alltagssprache als Sondersprache geltend gemacht werden muss und damit in jeder einzelnen Person als »Diglossie« oder mit einer ganzen Reihe von Adaptationen wirksam wird.[3] Wir müssen uns für die Vergangenheit vorstellen, dass der sprachlichen Virtuosität der Ausbildungssprache in der alltäglichen Interaktion noch viele andere Varietäten zur Verfügung standen, von den jeweiligen Dialekten der Umgebung und der eigenen Herkunft bis zum »Küchenlatein« und Formen zwischen Pidgin und Kreolisierungen. Auch wenn im Schriftlichen eine stilistisch bereinigte Sprachnorm gefordert war, blieb es mündlich immer möglich, zwei Sprachvarietäten gegeneinander auszuspielen, wie zum Beispiel in Luthers Tischreden eindrucksvoll festgehalten wurde. Die Sprachvarianten und das sprachliche Wissen waren dementsprechend hierarchisiert, aber auch voller anarchischer Nischen, die nur selten verschriftlicht wurden, aber Anlass für soziale Distinktion und Abweisung der Nicht-Eingeweihten, und oft auch Anlass zu Spott und Schabernack gaben.

Der Aufstieg in der literarischen Sozialisation führte daher in verschiedene und zum Teil diametral entgegengesetzte Virtuositäten, die aber gemeinsam hatten, dass sie auf Erfahrung beruhten und dass ein aus dieser Erfahrung stammendes Wissen den Unerfahrenen abgesprochen wurde. In diesen Gesellschaften herrscht kein Widerspruch zwischen der biografischen Erfahrung einer zunehmenden Individualisierung und einem zugleich zunehmenden Sinn für den »sensus communis« oder die »communis opinio« der Konversation, der Interaktion und des Austauschs jeder Art. Elitenbildung wurde repräsentativ ausgestellt und ausgespielt. War es das später erlernte und verfeinerte Wissen oder war es das Wissen der Grundausbildung, das sich der Überlieferung der Alten am stärksten angleichen ließ und angleichen musste, auf dem Weg, den Ahnen (zum Beispiel den antiken Autoren) zu gleichen und am Ende selbst »wie ein Ahne« zu handeln? Diese Frage blieb prinzipiell offen, zumindest wurde sie unterschiedlich beantwortet. Erst die »querelle des anciens et modernes« machte aus dieser Frage eine kollektive Frage für ganze Generationen, und auch in der »querelle« stammten die gemeinsamen Beurteilungskriterien erst einmal aus der Antike und konnten sich nur durch diesen gemeinsamen Nenner aus Nachahmung und Wettstreit gegenüber ihrer eigenen Herkunft emanzipieren.

Diese Sozialisationsform bricht in der Moderne zumindest in Teilen auseinander. Der Zusammenbruch erfolgt in den verschiedenen Literatursprachen und ihren Ländern phasenversetzt und wird in der Forschungsliteratur unterschiedlich beschrieben und motiviert. Die Drift ist allerdings einheitlich und betrifft die Pädagogik der Schulbildung wie der Universitäten gleichzeitig. Die alte Gesellschaft kennt keinen verallgemeinerbaren Anspruch auf Egalität und Repräsentation. Während die literarische Interaktion der modernen Gesellschaften nach Einführung der Schulpflicht auf einer Egalität des elementaren Zugangs insistieren muss und sich daher langfristig und strukturell an den Anfängerübungen ausrichtet, die den Novizen prinzipiell begreiflich machen sollen, was literarischer Genuss und literarisches Interpretieren sein sollen und was von ihnen zu verlangen ist. Wenn ein Schüler die Pflicht hat, Literaturinterpretationen schreiben zu können oder zu müssen, hat er auch ein Recht darauf, begreiflich gemacht zu bekommen, wie man das macht. Und wenn die Voraussetzungen darin bestehen, dass man ihr und ihm begreiflich machen können muss, worin die ästhetischen Qualitäten der vorgelegten Dichtung bestehen, dann hat sie auf die Benennung und Exemplifizierung dieser Benennungen und Qualitäten ebenfalls ein curriculares Anrecht. Aus diesen modernen Rechten und Pflichten geht eine Bewegung »Tools-to-Theory« hervor. Was getan werden kann und getan werden muss, konstituiert nicht nur den Unterricht, sondern auch den Gegenstand der Literatur, zumindest in pädagogischer Hinsicht. Diese Veränderung der Gegenstandskonstitution soll im Folgenden in Umrissen dargestellt werden.

(2.) Tools-to-Theory

Den Ausdruck »Tools-to-Theory« übernehme ich von Gerd Gigerenzer, der darauf hingewiesen hat, dass einige der einflussreichsten wissenschaftlichen Theorien aus den kognitiven und materiellen Werkzeugen der Forschung entstanden sind und weiterhin entstehen, die man zur Konstitution von Messgrößen einsetzt, bis die Formulierungen der quantitativen Korrelationen und der hierfür notwendigen Sequenzen von Operationen in eine Theorie übersetzt werden, die ihren praktischen Ursprung keineswegs transzendiert, aber in eine schriftliche Abfolge von Funktionsgleichungen und Erläuterungen verwandelt und dann nicht mehr als praktischen Kontext oder gar als Instruktion ausweist, obwohl die Anfängerübungen im Erfolgsfall der jeweiligen Theorie darin bestehen werden, diesen praktischen Kontext als Trainings- und Testsituation der Novizen wiederherzustellen, damit diese im Rahmen ihrer Grundausbildung beweisen können, dass sie die Lehrbuchversion der Theoreme in Messungen zurückverwandeln können, die einen vorgegebenen Radius nicht überschreiten.[4] Am anderen Ende der Theorie-Entstehung aus einem »Tools-to-Theory« steht daher eine didaktische Rückverwandlung als Lehrbuch-Theorie, die in Formen des Praktizierens zurückverwandelt wird und auf diesem Wege die Novizen von den Laien, und die erfolgreich Getesteten von den Nicht-Rekrutierten trennt – so eine wesentliche Einsicht von Thomas Kuhn.[5]

Die Idee, dass wissenschaftliche Theorien und Praktiken durch ein »Tools-to-Theory« entstehen, um anschließend in didaktische Übungen zurückverwandelt zu werden, liegt einem Medienwissenschaftler nahe, denn die Medienwissenschaft erwartet von altersher aus der Mediengeschichte eine Bestätigung für die Auffassung, dass unsere Schreibwerkzeuge an unseren Gedanken mitschreiben, und Medienwissenschaftler überlassen den umgekehrten Satz gerne anderen Forschungsfeldern, deren Einsicht in die mediale Konstitution praktischer Abläufe ebenso profund ist – wie etwa der »Distributed Cognition«. In dem hier behandelten Kasus fällt diese Konstitution ebenso wenig wie in Gigerenzers Darstellung mit den gängigen Medien zusammen, sondern sie ergibt sich erst aus der Einrichtung und Bewertung arbeitsteiliger Praktiken.

Auch in diesem Fall geht es, wie in den Labors der Naturwissenschaften und den Messgrößen der Psychologen, um praktische Abläufe, ihre theoretische Verallgemeinerung und die Ausbildung von Novizen, die theoretische Ableitungen erkennen und replizieren sollen. Mein Thema sind allerdings keine Messgrößen, zumindest nicht im engeren Sinne, sondern die moderne Philologie und insbesondere die moderne Literaturwissenschaft, und die philologische Textkonstitution seit dem späten 19. Jahrhundert. Meine These besagt, dass die Versuche einer Verwissenschaftlichung des Literaturstudiums von zwei komplementären Absichten geprägt und durch ihre chiastische Bewegung in gewissem Sinne auch durchkreuzt worden sind:

Einerseits durch die Umwandlung von Werkzeugen in Theoretisierungen, von »Tools-to-Theory«, vor allem durch die Umgestaltung eines alten rhetorischen Werkzeugkastens zur Basis von Theoretisierungen der Literatur, aber auch der Nicht-Literatur. Und andererseits durch die umgekehrte Zurichtung von »Theory-to-Tools«, durch eine zum Teil von Philosophen, und zum anderen Teil von Philologen gehandhabte Adoption hermeneutischer Verfahren, in Gestalt ihrer methodischen Darstellungstechnik, die aufgrund ihrer Dignität als Theorieleistung verstanden wurde und in dieser Gestalt mit den praktischen Abläufen und theoretischen Ansprüchen der erstgenannten »Tools-to-Theory«-Bewegung harmonisiert wurde, sodass entsprechend der Selbstauffassung dieser zuerst komplementären und dann kombinierten Entwicklungen Interpretieren und Theoretisieren nicht mehr unterschieden werden konnten. Grob gesprochen geht es im ersten Teil dieser chiastischen Bewegung um die erste Jahrhunderthälfte des 20. Jahrhunderts, und in ihrer Überkreuzung um die zweite.

Allerdings stellt sich die historische Frage, ob die philosophische oder »theoretische« Überhöhung der Anfängerübungen wiederum auf Lektüretechniken beruhte, die anderswo als Anfängerübungen kodifiziert worden waren.

Beide skizzierten Entwicklungen hatten ihren Ausgangspunkt in den Anfängerübungen der Literaturinterpretation, insbesondere in der Schule und an der Universität. Das, was jahrtausendelang als praktische Voraussetzung der literarischen und nicht-literarischen Formgebung verstanden wurde, wurde in den modernen Anfängerübungen vor allem ein Interpretationswerkzeug, ein Gegenstand des Wiedererkennens und der Wertschätzung, des Zitierens und des Exemplifizierens. Das Studium kanonisierter Texte forderte nicht mehr zur praktischen Nachahmung und Verwertung auf, sondern betonte ihre Uneinholbarkeit, aber auch die für alle transparente Darstellung und Demonstration ihrer elementaren Bestandteile. Rhetorische Techniken wurden auf diesem Wege zu theoretischen Objekten, und eine paradigmatische philosophische Objektkonstitution wurde einige Jahre später in Lektüretechniken umgesetzt. Aber auch die philosophischen Lektüretechniken passten sich den Verfahren der Grundausbildung an oder wurden ihr zum Teil rabiat angepasst und setzten sich dabei zum Teil gegen den Tenor der jeweiligen literaturwissenschaftlichen Ausbildung durch.

Die hier umrissene Umformung geschah insbesondere in den Neuphilologien und den Nationalphilologien der Nicht-Fremdsprachen, in dem jeweils größten Fach der ansässigen Philologien. Es ist insbesondere an diesen besonders privilegierten und sehr viel weniger durch sprachliche und sachliche Eintrittsbarrieren gekennzeichneten Orten, in der einheimischen Nationalphilologie der einheimischen kanonisierten Literatur, also dort, wo die Schulbildung und die aktuelle literarische Begeisterung am bruchlosesten in die Hochschulausbildung übergingen –, wo die Werkzeuge besonders überzeugend zu Theorien oder Theoremen gemacht wurden:

- in der Diskussion russischer Texte in Russland und auf Russisch (im russischen Formalismus), z. B. Tolstoi, Majakovskij, durch Sklovskij und Jakobson;[6]
- tschechischer Texte in Prag (im tschechischen Strukturalismus), z. B. Nezval durch Mukarovsky,[7]
- deutschsprachiger Texte in den deutschsprachigen Ländern, z. B. Hölderlin, Mörike, durch Staiger, Szondi,[8]
- französischer in Frankreich, z. B. Balzac, Mallarmé,[9] und
- englischer Texte in den USA und Großbritannien, z. B. Donne, Shakespeare, etwa durch Empson.[10]

Es scheint eine Regel der modernen Literaturtheorie zu sein, dass sie sich die Innovation vor allem an einem Material vornimmt, das eine maximale Spannung zwischen sprachlicher Komplexität und sprachlicher Vertrautheit verspricht, und damit eine Perfektibilität, die in der Moderne anscheinend nur im Vollbesitz der »eigenen Sprache« bewältigbar erscheint. Diese Bevorzugung von Dichtung und Literatur der

»eigenen Sprache« verlangt eine Begründung, die hier nur vorläufig gegeben werden kann. Es scheint in der Moderne, als sei eine Weiterentwicklung der Literaturtheorie nur bei maximaler Kompetenz möglich, oder als sei die Überzeugungskraft der Literaturtheorie dort am plausibelsten, wo der Übergang zwischen Interpretieren und Theoretisieren nicht durch sprachliche Brüche und Unkenntnisse gefährdet wird: neuphilologisch und nationalphilologisch. Allem Anschein nach würde sonst nämlich die Autorität des Theoretikers durch die Gefahr einer Korrektur durch »native speakers« oder spezialisierte Philologen gefährdet. Und Hand aufs Herz, jede:r von uns kann in den Interpretationen unserer einheimischen Literatur durch fremdsprachige Spezialisten unerkannte oder fehlinterpretierte idiomatische Wendungen finden, die wir geltend machen oder bezweifeln könnten. Wir sind nur meist zu höflich, das zu tun.

Und tatsächlich tritt eine entsprechende literaturhistorische oder sprachhistorische oder editionskritische Korrektur auch immer wieder einmal ein, wird dann aber oft als literaturtheoretisch unbedeutend eingestuft. Diese anekdotischen Entscheidungen – gegen historisches Wissen zugunsten des »theoretischen Argumentierens« – sind der klarste Beweis für einen Typ von Wissen, der sich von der philologischen Empirie verselbstständigt hat. So könnte eine mögliche Bewertung lauten; aber sie bleibt nicht unangefochten, denn auch die Literaturtheorie reklamiert den Begriff der »Philologie« für sich. Durch die Betonung der einheimischen Interpretation einheimischer Texte soll nicht in Abrede gestellt werden, dass einige transnationale Philologen in der Literaturtheorie des 20. Jahrhunderts eine wichtige Brückenfunktion ausgeübt haben, und diese wiederum als Virtuosen an kanonisierten Texten verschiedener europäischer Sprachen entwickelten und demonstrierten, wie René Wellek,[11] Sam Weber, Roman Jakobson und Paul de Man.[12] Aber diese transnationalen Protagonisten schreiben Brückentexte, die an bereits erfolgte Kanonisierungen der Nationalphilologien andockten. Und zwar auch dadurch, dass sie sich der aktuellen Form anschlossen, die das »Tools-to-Theory« in den jeweiligen Ländern angenommen hatte, indem sie ihre theoretische Intuition im Idiom des jeweiligen Landes formulierten, etwa in Jakobsons Umschrift des »selbstwertigen Worts« (*samovitye slova*) als »self-focused message« (und Antonomasie), von Moskau über Prag nach Boston ans M.I.T.[13] Umgekehrt gilt allerdings, dass die Philologen, die sich einer solchen transnationalen Übertragung und Akkommodation verweigerten, sich dadurch ins Abseits stellten und nicht als Literaturtheoretiker kanonisiert werden konnten, z. B. Leo Spitzer trotz seiner ausgefeilten Sprachvirtuosität und allen überlegenen Interpretationskunst, und nicht zuletzt aufgrund seiner bewusst ausgespielten Unangepasstheit und Verachtung der amerikanischen Ideengeschichte und Theoriebildung.

Die interkontinentalen Vermittler bestätigen daher insgesamt die aufgestellte Regel: Literaturtheorie weist eine Vorliebe für gemeinsame, und vor allem für einheimische sprachliche und historische Voraussetzungen auf. Für die philosophische Umwandlung von Theorien in Werkzeuge gilt das in dieser Stringenz nicht, eher im Gegenteil. Philosophische Lektüre ist irreduzibel durch die Schwierigkeiten der Lektüre antiker Texte und langfristiger Begriffsgeschichte geprägt. Dieser Genealogie entspricht die Beobachtung, dass philosophisch geprägte Theorie-Diskussionen sich oft an einer terminologischen Fragestellung entzünden oder in ihrem Verlauf auch in literarischen Texten bis dahin nicht vermutete terminologische Schwierigkeiten aufwerfen.[14] Aber auch in der philosophisch inspirierten Theorie-Entwicklung fällt auf, dass der *sprachliche* komparatistische Ehrgeiz meist beschränkt bleibt, meist auf ein strikt kanonisiertes, das heißt sorgfältig ediertes und sachlich erschlossenes Korpus in der einheimischen oder einer verwandten Sprache, und durch ein ebenso kanonisiertes philosophisches Korpus, und damit in einer vergleichbaren Konzentration auf kanonisierte Einzeltexte wie im Fall der bereits skizzierten nationalphilologischen Theoriebildung.

(3.) Literaturunterricht

Die Kombination dieser beiden komplementären Entwicklungen mündete vor allem nach dem Zweiten Weltkrieg in eine schlagkräftige Fusion, die in verschiedenen Varianten den Anspruch erhob, sich als ein privilegierter oder exklusiver ästhetischer Zugang zur Literatur zu deklarieren. Allerdings kamen auf diesem Wege unterschiedliche Traditionen der Literaturinterpretation zur Geltung. Bekanntlich gibt es zwischen den verschiedenen Wissenschaftsnationen nicht einmal ein gemeinsames Wort für die wissenschaftliche Aufgabe der Literaturinterpretation, und sie erscheint daher wahlweise als ein Habitus der poetischen, dichterischen oder literarischen Wertschätzung (»appreciation«) und bewiesenen Kennerschaft; als Fähigkeit des Explizierens und Kommentierens dessen, was explikations- und kommentierungsbedürftig ist; als Zugang zur poetologischen Beschaffenheit der interpretierten Texte; als kritische Musterung der Relevanz eines aktuellen oder vergangenen Textes für die Gegenwart, die mit den Mitteln der Gegenwart ausgeübt wird und sich als kritische Aktualisierung versteht; oder als historisches Verstehen eines Textes, das den unvergänglichen oder durch seine Wandlungsfähigkeit beständig aktualisierungsfähigen Gehalt des Textes herausstellt, und in einigen anderen Formen der Kommentierung, Kritik und Interpretation. Für die unterschiedlichen Genealogien gilt aber seit der Mitte des 20. Jahrhunderts als »lingua franca«, dass sie sich allesamt auch als Zugriff auf das verstehen, »was Literatur zu Literatur macht«.[15]

Dieser Anspruch ist und war nicht nur durch das relevant, was er beansprucht, sondern vor allem auch durch das, was er ausschließt. Wie zu Beginn des Textes umrissen, geht es um eine im Vergleich mit den älteren Schriftkulturen – und hier ist die Epoche des frühen Buchdrucks eingeschlossen –, radikale Umwertung der literarischen Werte. Diese Umwertung betrifft alle modernen Gesellschaften und ihre Institutionen, aber die modernen Philologien auf besonders ambivalente Weise.

Gustave Lanson hat diese Tatsache 1908 ebenso unverblümt wie gut begründet in einer Rede zur demokratischen Erziehungsform dargelegt:

> »Wir haben kein Recht mehr, eine antike und vordemokratische Tradition des Literaturunterrichts zu inszenieren, oder persönliche Vorlieben und die persönliche Meinungen zu rezitieren. Wir haben kein Recht, uns der Pflicht zu entziehen und zu sagen: ›Wir werden Literatur auf literarische Weise unterrichten, also ästhetisch und sonst nichts. Wir werden den Geschmack bilden, die Vorstellungskraft anregen, und die Sensibilität verfeinern. Wir werden Künstler aus ihnen machen oder es versuchen. Wir werden zwar tausend verkorksen, aber den einen guten finden und fördern, und damit haben wir unsere Pflicht getan. Der Rest geht uns nichts an.«[16] (294)

Eine solche, selbstbewusst elitäre Ausbildung sei unmöglich geworden; sie könne, wenn, dann nur noch privat stattfinden. Diese Passage begründet die Ablösung der alten rhetorischen Erziehungsform, die von verschiedenen Stilhöhen handelte und prinzipiell jeden Schüler (der Elite) als potenziellen Redner (und rhetorisch geschulten Dichter) behandelte, durch das bescheidenere Ziel des Interpretierens und der Beschränkung auf einen schlichteren und sachhaltigen Stil. Der Unterschied besteht darin, dass eine elitäre Geschmacksbildung, Imagination und Sensibilität des eigenen Redens nicht mehr als Ausgangspunkt der Erziehung gelten können, und daher nur noch indirekt angestrebt werden können. Die alte Korrelation von höheren Gesellschaftsschichten und höheren Stilarten gilt nicht mehr; und im Umkehrschluss sind auch die niederen Stilarten und die niedrigeren Schichten der Weltgeschichte zu allen Genres fähig.

»Aber früher, werden Sie sagen, war der Lehrer für Rhetorik und die künstlerischen und historischen Fächer der Hauptlehrer, wenn nicht der einzige Lehrer, und er widmete seine ganze Aufmerksamkeit der ästhetischen Kultur und der Geschmacksbildung. Natürlich war das so.« (294)

Dieses rhetorische und normative Modell kann nicht mehr gelingen:

> »Wir haben keine dogmatische Theorie der Prinzipien der Geschmacksbildung mehr. Das ist der eigentliche Grund für den Mißerfolg in der rein literarischen Ausbildung. Im 18. Jh. und bis vor 60 Jahren gab es noch eine entsprechende Doktrin des puren Geschmacks, die man den Kindern beibringen konnte. Man brachte ihnen die Regeln der Beredsamkeit, der Poesie, aller Kompositionsvariationen bei.
>
> Früher wurde der Geschmack zuerst durch die literarischen Meisterwerke unterrichtet und dann erworben. Statt a priori und dogmatisch ist die Geschmacksbildung heute experimentell und relativ. Das heißt, die Bildung des Geschmacks ist die Krönung der gesamten Erziehung, die letzte Errungenschaft der Halbwüchsigen.« (297 f.)

Die Eigenleistung der Schüler besteht jetzt nicht mehr in der Vorbereitung auf öffentliche Reden und eigene Gedichte, sondern im Erwerb der Geschmacksbildung durch textgetreues Interpretieren und die Verfertigung von Aufsätzen. Die literarische Erfahrung soll demokratisiert werden, aber diese Anforderung erzeugt einen »double bind« zwischen der Autorität des Lehrers und dem durch Aufsätze zu erbringenden Beweis einer Geschmacksbildung, die nicht mehr dogmatisch vorausliegt, sondern im Individuum erst entsteht und a priori nur dort entstehen kann (und sei es durch die satirische Verzierung der Schulmaterialien):

> »Ich kann nicht verhehlen, daß ich nicht mit der Art zufrieden bin, mit der Französisch in den meisten Schulklassen behandelt wird. [...] in der Literaturgeschichte spricht der Schüler über das, was er nicht kennt, ohne den Text gelesen zu haben, und nur dadurch, daß er einem Handbuch vertraut, in dem alles drinsteht. Im Literaturunterricht spricht er über etwas, was er selbst nicht erlebt und erfahren hat, was er nicht versteht, und je nach Autorität anders aufgebaut wird.
> Die fundamentale Schwierigkeit besteht darin, daß die Komposition kreatives Vermögen voraussetzt, denn sie ist es, was ein Kunstwerk auszeichnet.« (301)

Sowohl Literaturgeschichte als auch Literaturinterpretation unterliegen in der Schule den Schwierigkeiten einer dogmatischen Festlegung und damit einer »undemokratischen« (i. e. einer Demokratie unwürdigen) Wissensform. Allerdings ist diese Schwierigkeit für Literaturinterpretationen (oder das literaturkritische Vermögen) lösbar. Man muss sie bereits in der Schule in einen individualisierbaren Erfahrungsraum verwandeln; und dann können auch die entsprechenden Aufsätze als kreative Tätigkeiten und sogar als künstlerische Proben verstanden werden (und zwar von Lehrern und Schülern gleichermaßen). Für Literaturgeschichte ist das nicht möglich, sie stellt zu hohe Anforderungen und kommt daher nur in dogmatischer Form in der Schule zur Geltung:

> »Lesen und Textdeutung bilden die grundlegende Übung einer Französischklasse. Welche Texte sollten vorzugsweise gelesen werden. […] Es bleibt nur sehr wenig Literaturgeschichte möglich, daher würde ich sie für die Universität reservieren. […] Offensichtlich können wir Literaturgeschichte nicht an der Schule betreiben, also die Geschichte der Entwicklung verschiedener Schriftgattungen, ohne daß wir mit dem Schüler und er mit uns über viele Meisterwerke redet, die er noch nicht gelesen hat, und das als Teil einer unendlichen Zahl von weniger wichtigen Werken […] auf deren Lektüre er auch später getrost verzichten kann.« (303 f.)

Literaturgeschichte kann im Literaturunterricht keine zentrale Rolle spielen, weil dies die Schüler zwingen würde, von Dingen und Erfahrungen zu sprechen, die sie gar nicht kennen und höchstens auswendig lernen und auflisten könnten. Darin verbirgt sich keineswegs eine Abwertung der Literaturgeschichte, im Gegenteil. Literaturgeschichte ist eine universitäre Aufgabe, und in dieser Konstellation der wissenschaftliche Teil der Literaturinterpretation. Aber für die Mehrheit der Bevölkerung und die Initiation aller Schüler rückt die schulische »Szene der Literaturinterpretation« in den Mittelpunkt, und zwar gerade weil es sich um den nicht-privilegierten Teil der literarischen Sensibilität, Imagination und Geschmacksbildung handelt, oder, wie Lanson es anhand der älteren französischen Ausbildungsform charakterisierte: weil eine rhetorisch-poetische Geschmacksbildung (der Stilhöhen, des sozial und stilistisch Schicklichen), eine literaturhistorisch gebildete Sensibilität (die ein Leben lang verfeinert werden kann) und eine eigenverantwortliche Imagination (ohne die keine eigenen Dichtungen zustande kommen) für die meisten Schüler ausgeschlossen bleiben und für alle andern nur vorbereitet werden können.

Diese Begründungsleistungen des schulischen Literaturinterpretierens finden sich in allen westlichen Ländern, mit unterschiedlichen Terminologien und Datierungen. Die Resultate sind bei Lanson klar ablesbar: Literaturhistorisches Wissen und historisches Wissen sind insgesamt kein Teil der Grundausbildung, und wenn sie es sind, dann als nicht durch die eigene Erfahrung ausgewiesene Hilfsmittel. Die ersten – und für die meisten die »eigentlichen« – literarischen Erfahrungen sollen an der Schule durch die Interpretation von kurzen literarischen Texten und ihre Verwandlung in Aufsätze gemacht werden. Es sind auch die einzigen, die von Lehrern und Schülern kooperativ verantwortet werden können und einen gemeinsamen pädagogischen Erfahrungsraum schaffen. Es liegt nahe, diesen gemeinsamen Erfahrungsraum für das privilegierte Stratum des literarischen Lesens und Interpretierens zu halten, und damit als den eigentlichen Ort, an dem Literatur (für Schüler und damit bei allgemeiner Schulpflicht: für alle) zur Literatur wird. Im Gegenzug wird es schwerfallen, das, was Literatur zu Literatur macht, nicht mit den Kriterien zu identifizieren, die im Rahmen der Anfängerübungen demonstriert werden können.

(4.) Werkzeugkasten

In der Folge dieser institutionellen Neuordnung bildet sich der Werkzeugkasten der Literaturinterpretation langfristig als Werkzeugkasten der Literaturtheorie ab. Außerdem ruft die Anlage der Anfängerübungen eine große Schwachstelle auf den Plan: unhistorische, ahistorische, unter Umständen sogar antihistorische und vor allem antihistoristische Ansätze der Interpretation verstehen sich mit dieser Fokussierung gut; historische Bemerkungen, Einfälle, Gegenbestrebungen haben zumindest in der Phase der Grundausbildung schlechtere Karten, weil sie bei der von Lanson skizzierten Interpretationsart nicht einsortiert werden können. Diese Verschiebung mit ihren methodisch erzeugten Abwehrreaktionen gegen zu viel historisches Wissen tritt in der Moderne mehrmals ein, vielleicht ist aber das jeweils neue Auftreten dieser Verschiebung nur Teil einer einzigen Welle, die –

um im Bilde zu sprechen – von einem Trabanten des Planeten Literaturwissenschaft festgehalten wird und sich an den Küsten der wissenschaftlichen Kontinente als »Ebbe und Flut«, als Zurückfluten und Sturmfluten, als Tidenhub und Badewetter zur Geltung bringt, vom Trabanten aus gesehen hingegen auf der Stelle tritt.

Synekdoche und Emblem dieses Vorgangs ist die Umwertung der rhetorischen Elocutio, die technisch als Werkzeugkasten einer kontingenten Ausarbeitung galt, zum Zentrum der Poetik und Interpretationskunst. Paul Valéry hat diese Bewegung »Tools-to-Theory« kurz und bündig in *Tel Quel* zusammengefasst:

> »Der antiken Rhetorik galten als Schmuck und Kunstgriffe jene Figuren und Beziehungen, welche die zunehmende Verfeinerung der Dichtung schließlich als das Wesen ihres Gegenstands erkannt hat, und in denen eines Tages die fortgeschrittene Analyse Auswirkungen von tieferliegenden Eigenheiten oder dessen, was man *Formempfinden* nennen könnte, sehen wird.«[17]

Diese Aussage Valérys kann man als Hinweis auf einen konkreten historischen Vorgang verstehen, wenn man (erstens) in Rechnung stellt, dass das angekündigte Geschehen nicht »eines Tages« geschehen wird, sondern in Valérys Generation zum Programm wurde, und dass es (zweitens) nur aus Sicht der Modernen eine »Verfeinerung« herausbildete, aus der diese Umwertung hervorgegangen sein soll, und in allen anderen Epochen als eine »Vergröberung«

bewertet worden wäre, und vor allem als eine Amputation: als Abtrennung der Rezeption von der Nachdichtung oder praktischen Fortführung der Tradition.

Valéry ist präzise darin, dass er sagt, dass die Figuren als »das Wesen« des Gegenstands erkannt wurden, und damit zuerst weniger als ein Forschungsgegenstand erschienen, denn als Quelle zur Interpretation anderer Tatbestände. Die Theorie der Einzelelemente des Werkzeugkastens, z. B. der rhetorischen Figuren, bleibt notorisch schwierig, und es fällt auch heute noch wesentlich leichter, die Werkzeuge selbst als theoretische Grundlage anderer Phänomene zu entdecken und zu gebrauchen. Der Werkzeugkasten wird nicht wirklich zu einer Theorie der Werkzeuge, zu einer »Techno-Logie«, obwohl genau das immer wieder versprochen wurde. Er wird zum Werkzeugkasten theoretischer Diskussionen, die auf jeweils andere Weise einige Teile des Werkzeugkastens als Explananda und andere als Teil des Explanans behandeln. Für Leute, die rhetorisch ausgebildet sind oder sich aus anderen Gründen ausgiebig mit der rhetorischen Terminologie beschäftigt haben, ist das keine Überraschung: Die rhetorische Terminologie *ist* zirkulär, sie ist nicht aus Konstitutionsanalysen entstanden, sondern aus Fragen der praktischen Handhabung und Memorierung. Selbst Aristoteles, dem größten Systematisierer, der sich jemals der rhetorischen Kunst gewidmet hat, fällt es schwer, die Elocutio zu ordnen, und daher verzichtet er in diesem Punkt (anders als bei den anderen Bearbeitungsschritten) weitgehend auf klassifizierende Überlegungen. Daher ist das Alltagswort vom »Werkzeugkasten« gar nicht so schlecht, um die Relation zu beschreiben: Ein »theoretischer Werkzeugkasten« enthält viele nützliche Dinge und Handgriffe, aber keine Verpflichtung zur Vollständigkeit oder Systematik; und kaum jemand weiß, welche Instrumente, Reste oder unbrauchbaren Dinge sich im eigenen Kasten befinden.

Ein Beispiel muss hier *pars pro toto* genügen, um diese Aussage zu belegen: Was geschieht in der Metapherntheorie des 20. (und 21.) Jahrhunderts? Das theoretische Objekt und die Theoretisierung durch »Metaphern der Metapher« verschwimmen bis zur Unkenntlichkeit und gewinnen ihren präzisesten Sinn im unverwüstlichen Studium von einzelnen Metaphern, die Literatur und Nicht-Literatur gemeinsam haben, etwa »Spiegel« oder »Buch« oder die Metapher der »Metapher« selbst. Auch die Erläuterung einzelner Werkzeuge erzielt zwar theoretische Ergebnisse, oder wird zur Theorie, aber jedes Element zerfällt bei seiner Behandlung wieder in einen neuen Werkzeugkasten. Die modulare Ordnung der antiken Rhetorik setzt sich im Fall der Elocutio in einer Modularisierung und sogar einer möglichen Fraktalisierung der Theorie fort. Aber diese Zerlegung und Selbstzerlegung kann auch als Lernprozess verstanden werden.

Der antiken Rhetorik galten als Schmuck und Kunstgriffe jene Figuren und Beziehungen, welche die zunehmende Verfeinerung der Literaturwissenschaft schließlich als das Wesen ihres Gegenstands erkannt hat, und in denen die fortgeschrittene Analyse Auswirkungen von tieferliegenden Eigenheiten oder dessen, was man *Formempfinden* nennen könnte, gesehen hat.

Paul Valérys Feststellung erscheint heutigen Literaturwissenschaftlern als Gemeinplatz, ist aber in ihrer reduktiven Anlage keineswegs der allgemeine Tenor der modernen Literaturentwicklung, sondern vertritt eine Position, die erst im Nachhinein als verbindliche Position der Moderne erschien. Es soll an dieser Stelle genügen, eine Gegenposition zu zitieren, und zwar die eines Literaturwissenschaftlers, der angesichts der schon bestehenden Kanonisierung von Valérys Position die Formalisierung der Literaturbetrachtung grundsätzlich in Zweifel zog, und in seinem letzten Buch ein weiteres Mal den Maßstab einer sachhaltigen Rhetorik errichtete:

> Vico »entwickelt seine Ideen nicht wie die Späteren aus dem Gegensatz zur neuklassischen Rhetorik, sondern im Gegenteil unmittelbar aus dieser heraus. Er war ja selbst den größten Teil seines Lebens Professor der Rhetorik. Er sieht in den rhetorischen Figuren des Schulbetriebes Reste des ursprünglichen, konkret sinnlichen Denkens, das die Dinge selbst zu fassen meint; diese wahren, den Gegenstand selbst enthaltenden Symbole seien in rationalen und unpoetischen Zeiten zu bloßen Schmuckformen abgesunken. Neuerdings ist man bei den Versuchen, das Dichterische zu definieren, wieder zur Terminologie der Rhetorik zurückgekehrt. Man hat verschiedene rhetorische Ausdrücke vorgeschlagen, besonders aber das Wort Metapher, um das unausdrückbare eigentlich Dichterische, das zugleich konkret und allgemein bedeutend ist, doch noch auszudrücken. Vico

sagt dafür ›universale fantastico‹. Auch das ist nur eine Chiffre. Aber sie scheint mir, vergleichsweise, sowohl umfassender als auch eigentümlicher und prägnanter.«[18]

(5.) Schulunterricht

Die entscheidende historische Frage ist nicht: Hatte Valéry recht oder unrecht? Oder: Hatte Auerbach recht? Sondern: Wie kam Valéry zu dieser Auffassung, und welche Folgen hatte sie? Denn zweifelsohne hat ein großer Teil der akademischen Behandlung von Literatur tatsächlich versucht, seine programmatische Äußerung einzulösen – und zwar auch, was die Analyse des »Formempfindens« betrifft. Und die Antwort auf die Frage nach den Grundlagen von Valérys Aussagen kann lauten: Diese Auffassung besitzt ihre Entsprechung in der Pädagogik des Literaturunterrichts, in diesem Falle des französischen Literaturunterrichts seit den 1880er-Jahren des 19. Jahrhunderts. Diese Antwort lässt sich verallgemeinern: Die Generation der klassischen modernen Literatur ist die erste Generation, die schon an der Schule einen flächendeckenden Unterricht in der Kommentierung und Interpretation literarischer Texte genossen hat oder sich auf einen solchen Unterricht als gemeinsame Voraussetzung beziehen kann. Diese Generation erzeugt bekanntlich literarische Werke von schwindelerregender Komplexität. Diese beiden Tatbestände gehören zusammen. Es handelte sich vermutlich um eine der bestausgebildeten Schülergenerationen in der Geschichte Europas, zumindest dort, wo sie von Universitätsabsolventen ausgebildet wurde. Wie sich in den Unterrichtsplänen und didaktischen Materialien nachlesen lässt, handelt es sich um eine Generation, die unter der Prämisse ausgebildet wurde, dass alles in einem Text verständlich und intersubjektiv plausibel gemacht werden kann, wenn man einen kanonischen Text sorgfältig, guten Willens und kooperativ erarbeitet und jede seiner Einheiten und jeden der internen Bezüge als sinnvoll erachtet und diese Prämisse zur Explikation der Details heranzieht. Diese literarische Generation, die den Literaturunterricht des Interpretierens voraussetzen konnte und sich aufgrund der gleichzeitig von ihren Nationalstaaten betriebenen imperialistischen Expansion als Weltelite empfinden durfte, konnte aufgrund ihrer schulischen Erfahrungen ähnlich begabte und ausgebildete »Leser wie sie« voraussetzen, ohne diese Leser noch einmal eigens anleiten zu müssen. Daher durften sie sich bei der Verfertigung ihrer Texte ganz auf das konzentrieren, was durch die elementaren Operationen eines nüchternen, arbeitsamen und hartnäckigen Lesens und Nachvollziehens hervorgebracht werden würde, aber auch auf das, was über dieses Lesen (und die bisherigen literarischen Vorlagen) hinausging. Die Maxime des Agierens »auf den Schultern von Giganten« wurde durch die Maxime eines »plus ultra« ergänzt.

Die »klassische moderne Literatur« ist dementsprechend genau von dieser Janusköpfigkeit beherrscht worden. Zum einen von der Möglichkeit, die Anfängerübungen des Literaturunterrichts voraussetzen und in immer neuen rekursiven Varianten steigern zu dürfen, und andererseits einen Leser voraussetzen zu können, der bereits ebenso gut ausgebildet ist wie der Autor. Aber der Leser ist auch eine Instanz, die für das jeweilige Vorhaben mit neuen Übungen und Herausforderungen versehen wird, genauer gesagt, der sich selbst trainieren kann, weil er bereits die Voraussetzungen hat, aber noch nicht für die besondere Welt des jeweiligen Vorhabens eingestellt ist.

Ludwig Wittgenstein hat dieses Verhältnis in einem einzigen denkwürdigen Satz zusammengefasst: »Was der Leser auch kann, das überlaß dem Leser.«[19] Dieser Satz gilt ohne Abstriche für Joyce, Proust, Kafka, Musil, Beckett und noch einige andere. Porträts dieses Lesers finden sich bei Borges und Schmidt. Der Begriff des impliziten Lesers hat daher für die Moderne und ihre extremen Hauptwerke einen präzisen Sinn. Allerdings handelt es sich bei diesem impliziten Leser im Fall der modernen Literatur nicht um einen Normalleser, sondern um einen idiosynkratischen Virtuosen, der dadurch angesprochen, gefordert und verführt wird, dass er etwas anderes sein darf als Jeder-andere-Leser-ohne-diesen-Text: Er soll aus dem, »was jeder Leser auch kann«, zu dem übergehen, was *nicht* »dem Leser überlassen werden kann«, sondern sie oder er als Leserin erst mithilfe des Autors (oder seines Textes) erarbeiten können muss, weil es ihm und nur wenigen anderen »überlassen« oder zugeeignet wurde. Die Autorinnen und Autoren der Zeit zwischen 1880 und 1940 konnten ein Fachpublikum von Schriftstellern voraussetzen, das eine ganze Reihe philologischer Fähigkeiten des Lesens und Interpretierens als Teil der schulischen Grundausbildung internalisiert hatte. Und zumindest eine radikale Minderheit schrieb nicht nur unter der Voraussetzung des gründlichen schulischen Interpretierens, sondern spekulierte zugleich auf professionelle Leser, die eine »Höhere Kritik« des eigenen Korpus vornehmen würden. James Joyce etwa betreute zwischen 1922 und 1939 die Rezeption seines ersten Hauptwerks *Ulysses* und die sukzessive Entstehung des »Work in Progress« mit dem abschließenden Titel *Finnegans Wake*, sodass er fortlaufend eine empirische Basis der von ihm mit gesteuerten Interpretierbarkeit des erstgenannten Korpus erwarb, die er fortlaufend für das zweitgenannte Korpus extrapolierte und konterkarierte. Auch bei Flaubert, Proust und Kafka geht die antizipierte Hermeneutik in die Postulate einer »Höheren Kritik« des eigenen Korpus über, aber auf so unterschiedliche Weise, dass der Hinweis erst einmal genügen soll: Hic sunt leones.

Wie können wir uns die Schulpädagogik des Literaturinterpretierens um 1900 vorstellen? Besonders anschaulich und aufschlussreich wird die entsprechende Schulpädagogik bei Rollo Walter Brown in seinem Buch *How the French Boy Learns to Write* von 1915.[20]

Die Anfängerübungen des Literaturunterrichts dienen in Fremdsprachen immer auch dem Spracherwerb, mit dem Unterschied, dass dieser Spracherwerb sehr viel konsensueller und standardisierter abläuft. Der Literaturunterricht der »explication des textes« (123) orientiert sich auch an der Möglichkeit und der Notwendigkeit, die eigene Sprache wie eine Fremdsprache oder sogar als eine »tote Sprache« zu behandeln. Die

»explication des textes« orientiert sich an dieser Möglichkeit: »Diese Methode hat ihre Ursprünge in der Explikation griechischer und lateinischer Texte.« (123)

Das heißt, die Hilfsmittel des Sprachlernens sind prinzipiell auch die der Interpretation: Grammatik, Wörterbuch, die Klassifizierung der rhetorischen Figuren und vor allem die elementare Unterscheidung und Vermittlung von »wörtlicher« und »figurativer« Bedeutung. Aber auch die in der Lektüre zu erwartenden Ideen sind weitgehend bekannt. Nur wenn es um konsensuelle Interpretamente geht, bleibt die Oberaufsicht in jedem Schritt für alle Schüler nachvollziehbar, und das heißt legitimierbar. Das Modell einer literarischen Erziehung, die mehr und mehr alle Laien aus ihrer exklusiven Hierarchie ausschließt statt einschließt, wäre hier denkbar fehl am Platze.

Die konsensuellen »Inhalte« der Literatur sind weitgehend banal; um so mehr kann man sich auf die formale Gestaltung konzentrieren, und diese mikrologisch bearbeiten. Mikrologie und der Erwerb einer elementaren Kennerschaft fallen »von der Pike auf« zusammen, durch eine Interpretation, die dem Ideal nach jedes Wort transparent gemacht hat: »Es darf keine falsch oder unvollständig verstandenen Worte oder Wendungen geben, die den Schüler vom Verstehen abhalten.« (125) Offensichtlich eine im Alltag unmögliche Perspektive.

Nach dieser im wahrsten Sinne des Wortes »wörtlichen« Lektüre, der Sicherstellung eines gründlichen Wortwissens, »a thorough word-by-word knowledge« (124) folgt die Arbeit an der Gliederung, ihre Verfeinerung durch kleinteiligere Gliederungen, und die

Sicherstellung des Übergangs vom einzelnen Wort bis zum ganzen Text und zurück:

> »Struktur wird betont, weil einem Struktur dabei hilft, den Sinn zu enthüllen, den der Autor ihr beimißt. Aber auch die Worte und Wendungen müssen berücksichtigt werden, denn in einem Meisterwerk hat jedes Wort und jede Wendung ihre Relevanz.« (126 f.)

Der Text wird am Ende und am Anfang seiner Behandlung laut vorgelesen:

> »Die Lesung am Ende soll idealerweise das ganze Wissen zum Ausdruck bringen, das aus der Interpretation (der Textexplikation) resultierte. Das Denken des Autors, sein Fühlen, und seine Bildwelt sollen jetzt allen vor Augen stehen.« (128)

Diese Interpretationstechnik erscheint nach heutigen Maßstäben »intentionalistisch«, aber es ist klar, dass die Feststellungen der Gedankenwelt des Autors, seiner Gefühle und seiner bevorzugten Bilder jetzt eine Funktion des Schulunterrichts geworden sind, das heißt einer konsensuellen Urteilsfindung, die keinen realen Autor braucht. Zumal die Abtrennung der Literaturgeschichte bewirken soll, dass die Literatur »von innen« ansichtig wird, und nicht als Teil eines historischen Geschehens: »Die Hauptabsicht ist es, mehr von Literatur zu verstehen, und nicht Fakten über Literatur anzuhäufen.«

Die Rhetorik ist jetzt vollständig umgeschmolzen in eine Übung der wertschätzenden Rezeption: Die

»inventio« findet jetzt nur noch das, was vorfindlich ist (Wörter), die »dispositio« skaliert vom Kleinsten ins Große, die »elocutio« besteht insbesondere aus analytischen Zurechnungen; die Memoria hingegen hat es mit ganz unterschiedlichen »Settings« zu tun, in denen sie agiert.

Eine historische Komparatistik dieser Sachverhalte würde schon aufgrund des interkontinentalen Vergleichs sehr viel Platz beanspruchen, daher habe ich mich zum Beleg bisher auf ein einziges Land konzentriert, das im damaligen weltweiten Literatursystem allerdings eine zentrale Rolle spielte, nämlich das Frankreich der Dritten Republik.[21] Dieser Fall hat den Vorteil, dass er gut dokumentiert und aus anderen Ländern ausgiebig kommentiert wurde und vieles explizit macht, was anderswo sehr viel indirekter thematisiert wurde, insbesondere in der Frage der modernen Literaturinterpretation. Die moderne Literaturhermeneutik wurde nicht theoretisch begründet und dann praktisch angewendet, sondern war eine praktische Frage des Schulunterrichts, und hatte dann nachhaltige theoretische Folgen, die bis heute fortwirken.

Der »implizite Leser« der modernen Meisterwerke wird durch die Charakterisierungen von Rollo Walter Brown sehr viel plausibler, insbesondere unter der zitierten Prämisse Wittgensteins. »Was der Leser auch kann, das überlaß dem Leser.« Denn der moderne Leser bleibt in gewissem Sinne immer ein Novize: Zwar kann er sich auf seine Hilfsmittel verlassen, denn es sind immer dieselben; aber der Schwierigkeitsgrad der Interpretation ist eine Frage der persönlichen Gestaltung. Um den Lesern den »unendlichen Aufstieg« der modernen Hauptwerke in jeder Lebenslage zu erleichtern, bleiben die elementaren Lektüretechniken das verlässlichste Mittel der Komplexitätssteigerung: insbesondere das Nachschlagen in Lexika, das sorgfältige Abklopfen der wörtlichen und der figurativen Bedeutung, genaue grammatische und lexikografische Kenntnisse, das Lesen der Disposition und Feinstruktur von Sätzen, Absätzen, Kapiteln; das möglichst vollständige Lesen von Parallelstellen und enzyklopädischen Erläuterungen, und das Aufspüren der Selbstthematisierungen des Schreibens, der »Selbstauslegung« des Textes. Also alles das, was die Schule den Schülern seit den 1880ern als elementares Training unter Aufsicht der Nationalphilologie in kleinen Gärten abverlangte, wächst in den literarischen Hauptwerken zu scheinbaren Urwäldern, die sich bei genauerem Hinsehen allerdings wie die Amazonaswälder als verwilderte Folgen sorgfältig gepflegter und bewirtschafteter Gartenstädte herausstellen.

(6.) Literaturtheorie

Die französische Darstellung des Literaturunterrichts ist für diesen Sachverhalt auch deshalb die aufschlussreichste Quelle, weil in der Forschungsliteratur sowohl der Bruch mit der eigenen rhetorischen Tradition als auch die von Valéry zitierte Umwandlung herausgestellt werden.[22] Wenn man eine Schlüsselfigur dieser Umwandlung oder zumindest ihrer Explikation sucht, wäre dies allerdings nicht Paul Valéry, sondern der bereits ausführlich zitierte Gustave Lanson, ein Begründer sowohl der »explication des textes« als auch der Literatursoziologie, zweier Entwicklungen, die heute zum Teil als diametral entgegengesetzt betrachtet werden, aber im Rahmen der Dritten Republik unmittelbar zusammengehörten. Der Literaturunterricht hatte eine soziale und eine politische Funktion, nämlich die Schüler zu mündigen und moralisch gewappneten Bürgern der Dritten Republik zu machen. Dieser soziale und politische Auftrag war auch als angewandte Soziologie zu konzipieren (Laizität eingeschlossen), zumindest in der Soziologie Durkheims, mit der Lanson das Gespräch suchte. Die Literatursoziologie wäre auf diese Weise die Instanz der Überprüfung, aber auch der Formulierung eines curricularen Wissens geworden, das nicht nur ein exzellentes sprachliches Training voraussetzte, sondern auch in der Lage wäre, den argumentativen Sachgehalt und den historischen Sachgehalt der Literatur kompetent zu diskutieren – Ersteres an der Schule und Letzteres an der Universität. Die Konzentration der »explication des textes« auf eine sprachliche Immanenz der Texte war daher in der Sicht der Dritten Republik nur an eine vorläufige Propädeutik für alle gebunden; das Ziel lag (weiterhin, wie in der Rhetorik und der ihr weiterhin zugedachten politischen Mündigkeit) in der Vermittlung von Sprache und Sache.

Erst im Laufe des 20. Jahrhunderts sollte die didaktische Vermittlung von Sprache und Sache aus den Augen geraten; es gab immer wieder und angesichts der Grundausbildung immer mehr Stimmen, die das Geheimnis der Literatur in der formalen und sprachlich-formalen Gestaltung ansiedelten. Wie sich auch und gerade an Paul Valéry (oder T. S. Eliot) ablesen lässt, geschah diese Verlagerung bereits durch die erste Schülergeneration der Trennung zwischen sprachlich-grammatischer Auslegung (in der Schule) und sachlich-historischem Wissen (als Angelegenheit der Universität). *The first cut is the deepest.* Mit anderen Worten: Die didaktische Trennung der beiden Welten, Schule und Universität, barg die Gefahr, dass die Propädeutik der ersten Ausbildung durch ihre Vertiefung als die unverzichtbare Grundausbildung der zweiten angesehen wurde und sich mit ihrem Anspruch auch an der Universität geltend machen würde. Und tatsächlich geschah genau das im Laufe des 20. Jahrhunderts und bestimmte einen großen Teil der modernen Literaturtheorie. Es ist allem Anschein nach die literaturtheoretische Arbeit. Die Schulausbildung des Interpretierens holte die Erstsemester ein und wurde zur Theorie dessen, was Literatur ausmacht.

- Auf den ersten Blick mehr als erstaunlich, dann aber plausibel ist der Vorsprung des Ostens: Die Umwertung der Anfängerübungen zur Literaturtheorie geschah zuerst im Zentrum eines brüchigen Imperiums und durch eine Clique von Jugendlichen am Rande der kreativsten literarischen und künstlerischen Avantgarde der damaligen Welt (nämlich durch die russischen Formalisten),[23]
- dann sehr viel indirekter und langwieriger im »New Criticism« mit seinen formalen Übungen aus

der Grundausbildung des akademischen Literaturunterrichts;

- bezeichnenderweise ebenfalls zum Teil durch junge Erwachsene wie William Empson, die (wie bereits die russischen Formalisten) direkt von der Erstsemesterübung zur Theorie übergingen;
- in den ästhetischen Ausprägungen der »explication des textes«, die den Schulunterricht in den akademischen Fragen der Stilistik und Gattungspoetik beerbten (die allerdings keine Immanenz des Textes dachte, sondern eine historische Fülle von Kontexten);[24]
- und später im »Close Reading« und dessen Legitimationen; und in der deutschen und deutschsprachigen Wendung zur »immanenten Lektüre« (nach dem Scheitern der politischen Abenteuer von nicht ganz so immanenten Lektüren nationaler, völkischer, marxistischer oder lebensphilosophischer Absichten);
- und schließlich: in der interkontinentalen Verknüpfung aller dieser Fäden durch Emigration, Remigration und Austausch, und in ihrer Verbindung mit dem komplementären Entwicklungsstrang der »Theories-to-Tool«, als Literaturtheorie, »Literary Theory«, »French Theory« oder schlicht »Theory«.[25]

Die angelsächsische Geschichte dieser Entwicklung verlangt eine eigene Herleitung, ist aber in der Forschung so gut dargestellt oder zumindest so gut begründet, dass ich mich auf zwei längere Zitate beschränken kann. Die entscheidende Dichotomie verläuft auch hier zwischen Literaturinterpretation und

Literaturgeschichte; allerdings mit dem Unterschied zu Deutschland und Frankreich, dass lange Zeit keine Methodisierung oder gar Verwissenschaftlichung des Interpretierens angestrebt wird, sondern der »literary criticism« gerade aufgrund seiner Lebensnähe und *Nicht-Wissenschaftlichkeit*, oder sogar aufgrund einer als Prinzip verstandenen *Unfähigkeit* der Verwissenschaftlichung als Aufgabe höherer Dignität behauptet wird. Zweifelsohne ist dieses Motiv nicht-angelsächsischen Interpretationstraditionen nicht fremd. Allerdings wird die Nicht-Wissenschaftlichkeit des Interpretierens, die Nicht-Verwissenschaftlichbarkeit, in den deutschen Traditionen (auch in ihrer Diaspora) vor allem der geschulten »Divination« zugeschrieben, also nicht als Anfängervermögen, sondern als Expertise mit einer gesellschaftlichen Relevanz, die keinem Jugendlichen zusteht. Die angelsächsische Begründungsform ist hier sehr viel unverblümter und verlangt sogar von Experten (oder Experten verlangen von sich) ein Bekenntnis zur banausischen Lektüre als der eigentlich wertkonstituierenden, bis zu dem in Deutschland meist als Laienvorurteil behandelten Klischee, »zu viel Wissen« oder »zu viel analytisches Wissen« verdürbe die wertbildende, die wertvollere Lektüreerfahrung. In der angelsächsischen Tradierung dieses Topos handelt es sich um einen erstaunlichen Strang akademischer Resistenz gegen die Akademisierung des Lesens, die nirgendwo verhindert hat, dass diese Resistenz die Form bisweilen kitschiger, bisweilen barock übersteigerter Akademisierungen angenommen hat, die sich nur in wenigen ausgewählten Fällen popularisieren (und damit am Buchmarkt verifizieren) ließen.[26] Zu den Grundlagen dieser modernen Entwicklungen in den angelsächsischen Ländern soll folgende Zusammenfassung genügen:

> »Kritik und Gelehrsamkeit (*Criticism and Scholarship*) wurden im Literaturstudium lange Zeit und werden auch heute noch oft als Antithesen betrachtet, wobei man die Aufgaben der Bewertung und Interpretation (die ›intrinsischen‹ Werte der Literatur) als die ›höheren‹ und ›edleren‹ behandelt, und die anderen als die ›niedrigeren‹ und propädeutischen Aufgaben objektiver Forschung und Tatsachenermittlung (als den ›extrinsischen‹ Teil der Literatur).[27] Diese qualitative Trennung zwischen Criticism und Scholarship geht auf die 1890er-Jahre zurück, wurde damals allerdings (ironischerweise) von den Philologen der Anglistik-Departments eingerichtet, die den Dilettantismus der ›generalistischen‹ Literaturinterpreten ablehnten, und unter Berufung auf ihr wissenschaftliches Prestige den Standpunkt vertraten, journalistische Pauschalurteile über Literatur seien interessant, aber unfundiert (Graff 94–96). Beide Parteien strebten allerdings danach, die Erbschaft und den kulturellen Stellenwert der Kulturkritik eines Matthew Arnold anzutreten. In dieser Schlacht konnten die Gelehrten nur verlieren, denn sie hatten es sehr viel schwerer zu beweisen, dass ihre hochspezialisierten, ›technokratischen‹ Analysen irgendeine Wirkung auf die Gesamtkultur ausübten (Graff 4). In den 1920ern und 1930ern, und das heißt bereits vor dem New Criticism, hatten die ›Generalisten‹ ihre

> Stellung in der Universität bereits konsolidiert. Die gelehrten Spezialisten hingegen zeigten Symptome einer zunehmenden Frustration über den zunehmenden Zerfall der Anglistik in immer engere Unterdisziplinen, und gestanden daher der Literaturkritik eine Existenzberechtigung zu, solange das notwendige Fundament garantiert bliebe (Graff 137, 143). Die New Critics propagierten und forcierten diese Perspektive: Gelehrtes Wissen sei als Propädeutik ›unverzichtbar, aber resultiere oft genug in Trivialitäten und nutzloser Pedanterie, die zu Recht den Spott des Laien und den Zorn des Wissenschaftlers ob solcher Energieverschwendung provoziere‹ (so René Wellek, nach Graff 138).«[28]

Dementsprechend war die gesamte Zwischenkriegszeit und frühe Nachkriegszeit von einem ständigen Grabenkampf zwischen Gelehrten und Generalisten gekennzeichnet, der sich durch eine kleine Auswahl dichotomisierter Vorwürfe strukturierte, die in vielen Verkleidungen bis heute wirksam bleiben. Das Erstaunliche ist, dass bei einer derartig polemisch aufgeladenen Situation überhaupt eine nachhaltige und wirkungsvolle Literaturtheorie in den USA entstehen konnte. Dies geschah insbesondere durch die stetige Adoption zentraleuropäischer, osteuropäischer und französischer Theorie-Entwürfe (und ihrer Protagonisten), und durch die Umwandlung von Lektüretechniken – die zuerst als Hilfsmaßnahmen zur Herausbildung literarischer Erfahrungen verstanden wurden – in Theoretisierungen, also in Form einer geradezu mustergültigen »Tools-to-Theory«-Umsetzung. Einige dieser Werkzeuge bestanden aus Übungen, die das kontextlose Lesen der Anfängerlektüren noch einmal eigens zur Eskalation brachten, und dabei praktische Eigenschaften des Lesens zu theoretischen Charakteristika der schönen Literatur stilisierten:

> »*Practical Criticism* ist, wie das formale Studium der englischen Literatur insgesamt, eine ziemlich junge Disziplin. Sie nahm ihren Anfang in den 1920ern durch eine Serie von Experimenten des Literaturkritikers I. A. Richards in Cambridge. Er gab Studierenden Gedichte ohne irgendeine Angabe, von wem sie seien oder wann sie zu datieren seien. In seinem gleichnamigen Buch berichtete Richards von den Experimenten und wertete sie aus. Die Zielsetzung seiner Arbeit bestand darin, die Studierenden anzustacheln, sich auf die ›Wörter auf der Seite vor ihnen‹ zu konzentrieren, statt einer vorgefassten Meinung oder einem Vorurteil über einen Text zu folgen. Für Richards war die anonymisierende Form seiner Gedichtanalyse zugleich eine psychologische Hilfestellung für die Studierenden: indem sie sich auf alle Gefühlsströme und Sinngebungen in den intensiv gelesenen Gedichten und Prosapassagen konzentrierten, sollten sie zu einer ›Organisierten Erwiderung‹ (organised response) beitragen, und auf diese Weise literarische Bildung und moralische Charakterschulung vereinen – das alte Ziel des angelsächsischen ›Criticism‹, neu durchdacht und dadurch modernisiert.«[29]

Entscheidend waren auch hier die Anfängerübungen: die Konzentration auf das, was Anfänger lernen und was sie dabei ausblenden sollten. Der erfolgreichste Schüler von Richards, William Empson, entwickelte aus dem *Practical Criticism* eine weitere radikale Methode, indem er sich auf die Bedeutungsvielfalt isolierter Textstellen konzentrierte und so bereits als Undergraduate jene Vielschichtigkeit entdeckte, die er in *Seven Types of Ambiguity* ausführlich zur Geltung brachte. Die Isolation und fortlaufende Vergrößerung ausgewählter Passagen erschien als Autonomisierung des jeweiligen Textes; seine historische Einordnung hingegen wurde zum »Kontext«. Der beste Interpret war ein Undergraduate, und er war auch der beste Literaturtheoretiker. (Ich gestehe gerne, dass ich diese Auffassung einige Jahre lang bedingungslos geteilt habe. Aber das ist jetzt so lange her, dass es nicht mehr wahr ist.)

(7.) Der gemeinsame Nenner

Wie man anhand der oben gebildeten kurzen Liste und der zahlreichen erläuternden Exkurse (und Fußnoten) zu einzelnen Ländern und Schulen ablesen könnte, die ich ausgelassen habe und die nach Gusto ergänzt werden können, sieht die Begründung der jeweiligen Umwandlung von »Tools-to-Theory« in den einzelnen Ländern recht verschieden aus. Trotzdem haben sie diese Verlaufsform gemeinsam: Die Schnittmenge von Literaturinterpretation und Literaturtheorie entstand aus der Didaktik und der experimentellen Didaktik der Anfangssemester, von den russischen Formalisten über I. A. Richards bis zu Wolfgang Kayser, dessen Hauptwerk aus dem Anfängerunterricht entstand.[30] Gerade weil die institutionellen und politischen Umstände dieser Entwicklung zum Teil diametral auseinanderlagen, kann man über das gesamte 20. Jahrhundert verteilt feststellen, dass es sich um eine langfristige »Drift« der Literaturausbildung handelt, die sich als einzige in allen Nationalphilologien deutlich bemerkbar machte und im Laufe der Zeit international übersetzen und verknüpfen ließ. Diese langfristige »Drift« wird verkannt, indem sie in den verschiedenen Nationalphilologien mit unterschiedlichen Genealogien verbunden wird. Hier ist ein kurzer Vergleich angebracht:

In den USA wird unter anderem auf die »G. I. Bill« verwiesen, die nach dem Zweiten Weltkrieg die Notwendigkeit schuf, schlecht ausgebildeten erwachsenen Neuankömmlingen mithilfe einfacher Mittel ein deutliches Erfolgserlebnis der gekonnten Literaturinterpretation zu verschaffen; ein Vorhaben, das nur durch die Konzentration auf den dekontextualisierten Text und sein »Close Reading« gelingen konnte. Dieses Argument ist sicher nicht falsch; aber im französischen Fall der Dritten Republik handelte es sich um beflissene und interessierte Schüler, die auf diese Weise an elementare literarhistorische Kontexte herangeführt werden sollten.

In Deutschland wird der Nachkriegserfolg der »immanenten Interpretation« (zu Recht) aus einer nachträglichen Immunisierung und Ästhetisierung des nationalsozialistischen Griffs nach der Weltmacht erklärt, der zumindest in seiner heideggerschen oder seiner völkischen Variante alles andere als »immanent« interpretierte. Und was bis zum Ende des Kriegs eine verfemte und dekadente Lektüre war, die »klassische Moderne«, wurde bald darauf zum beliebtesten Korpus, solange es sich der existenziellen Lektüre fügte, und das umso mehr, wenn es jenseits des Eisernen Vorhangs unter Formalismusverdacht geriet. Solche Wechselspiele der Anamnese und Amnesie waren in den Ländern des »Literary Criticism« nicht nötig, aber auch diese bemühten sich nach Kräften, die peinlichen politischen Positionsbestimmungen der Zwischenkriegs-Avantgarden herunterzuspielen und die retrospektiv stilisierte Gemeinsamkeit einer formalen Experimentalkultur zu betonen.

Fazit: Wir finden in jedem Land und der entsprechenden Nationalphilologie eine andere Erklärung für den anfänglichen oder nachhaltigen Erfolg der »immanenten Lektüre«, und eine andere politische Geschichte, auch und gerade der jeweiligen Entpolitisierungen. Damit soll die politische Geschichte der Literaturinterpretation und Literaturtheorie nicht heruntergespielt werden, im Gegenteil: Sie soll hinlänglich präzisiert werden, und dafür muss man die Konvergenz- von den Divergenzeffekten der internationalen Rezeption von Literaturtheorie unterscheiden. (Wie an den Folgen Heideggers über seine französische Rezeption abzulesen; oder an linken Kunstauffassungen, die die »Massengesellschaft« ablehnen und keinen Kontakt mit populären Künsten suchen, aber dabei die Massenmedien wirkungsvoll bespielen – etwa Adorno als Radiostar der 1950er und 1960er). Die politische Geschichte der Kategorisierungen ist offensichtlich auch ein Effekt der politischen Geschichte der entsprechenden Nationalphilologien und ihrer Komparatistiken, in Deutschland etwa der Romanistik als einer komparatistischen Philologie. Die Sichtung der angeblichen und wirklichen Motivationen der methodischen Ausrichtung der Literaturinterpretation könnte lange vertieft werden, das Ergebnis bliebe dasselbe:

Die expliziten Begründungen sind nicht übertragbar und erweisen sich darin als Epiphänomene, und zwar sowohl innerhalb eines Landes als auch zwischen den Ländern und Kontinenten. Das heißt selbstverständlich nicht, dass die betreffenden Geschichten nicht wahr sind oder nicht zählen, es heißt nur, dass die individuellen Motivationen angesichts der Drift des Jahrhunderts zu international übertragbaren Ergebnissen kamen – was sich auch ganz konkret an einigen Übersetzungsschritten und interkontinentalen Karrierewegen zeigen lässt. Trotz der kurz charakterisierten unterschiedlichen Legitimationserfahrungen und ganz unterschiedlichen politischen Interventionen wies die Ausbildung zur Interpretation literarischer Texte in allen Ländern seit dem späten 19. Jahrhundert eine analoge Arbeitsteilung auf, wie sie oben für Frankreich umrissen wurde, und diese Arbeitsteilung setzte sich nach dem Zweiten Weltkrieg endgültig durch. Es handelte sich um eine langfristige »Drift«, die nur selten selbst in Zweifel gezogen wurde; aber in jeder ihrer Varianten zur ausführlichen Polemik gegen andere Ansätze und Aufgaben der Literaturinterpretation, und insbesondere gegen literaturhistorische und oft auch gegen literatursoziologische und sozialhistorische Aufgabenstellungen fähig war. Der entscheidende Punkt scheint aber nicht in der jeweiligen polemischen oder kontroversen Auseinandersetzung gelegen zu haben. Entscheidend waren, auf das ganze 20. Jahrhundert hin betrachtet, vor allem zwei Folgen der Drift: Die Anfängerübungen des Literaturinterpretierens bestimmten erstens mehr und mehr den Begriff dessen, was man *tut*, wenn man Literatur interpretiert, und welches Objekt man dabei *konstituiert*. Und sie dienten zweitens als theoretische Ressource und oft auch als explizite Einschränkung für die literaturtheoretische Frage, was Literatur zu Literatur *macht*. Auf diesem Wege erlangte die Literaturinterpretation eine Dignität, die sie nur als Teil einer fortlaufenden, aber immer nur fragmentarischen Theoriebildung beanspruchen konnte, und andererseits beschäftigte sich Literaturtheorie mit einem Gegenstand, der sich unter weitgehendem Konsens auf das konzentrieren konnte, was in den Anfängerübungen der Literaturinterpretation methodisch an rhetorischen Texteigenschaften erarbeitet wurde.

Diese Konstellation wurde nach dem Zweiten Weltkrieg durch die philosophische Lektüre literarischer Texte befördert und legitimiert, und zwar aus zwei Gründen: Zum einen schien die philosophische Lektüre sowohl den literarischen Texten als auch den literaturwissenschaftlichen Aufgaben eine höhere Dignität zu verleihen, wenn auch strikt selektiv: Die Dignität kam vor allem der Literaturinterpretation und Literaturtheorie zugute, und einer verschwindend geringen

Zahl von kanonisierten Texten der Philosophie und Literatur – und nicht zu vergessen: der Dignität der Philosophie selbst. Aber nicht der Literaturgeschichte, und nur in Ausnahmefällen einer Literatursoziologie und Sozialgeschichte der Literatur. Zum anderen richteten sich die philosophischen Lektüren auf dieselben Eigenschaften literarischer Texte, die in den Anfängerübungen der Literaturinterpretation im Mittelpunkt standen: auf ihre Figuren, ihre Epideiktik, auf ihre »Selbstbezüglichkeit«.[31] In der langen Dauer der zweiten Hälfte des 20. Jahrhunderts bildete die Literaturtheorie daher einen entscheidenden Faktor bei der Konsolidierung des literaturwissenschaftlichen Gegenstands, also dessen, »was Literatur zu Literatur macht«, und dessen, was an Literatur zu interpretieren und zu theoretisieren ist. Dass der rhetorische Werkzeugkasten bei dieser Konsolidierung eine entscheidende Rolle spielte, bedeutet nicht, dass er dabei seinen rhetorischen Dispositionen entsprechend behandelt worden wäre, im Gegenteil. Die Aufnahme und Durchführung war selektiv, und auch das Motiv der »Selbstbezüglichkeit« wurde nur selektiv verfolgt und entsprach nicht der Bandbreite rhetorischer oder gar erst sprachlicher Selbstbezüglichkeiten.

Diese Verallgemeinerung klingt harmlos, aber das ist sie nicht. Denn was man als »Konsolidierung« beschreiben kann, kann man auch »Verflachung« oder »Reduktion« nennen, und darin die Unfähigkeit erkennen, sich ehrgeizigere Ziele zu setzen, also Ziele, die durch den gemeinsamen Nenner von Anfängerübungen und Theoriediskussionen nicht formuliert werden konnten und können. Die Anfängerübungen sind schließlich nur ein Anfang dessen, was alles gefragt werden kann, und was Novizen nicht wissen können. Außerdem sorgt dieser gemeinsame Nenner dafür, dass historische, soziologische und/oder literaturhistorische Fragen der Textgenese im Rahmen der Anfängerübungen als »Zusatzinformationen« oder »zusätzliche Kontexte« erscheinen, die auf geheimnisvolle Weise *eingeklammert* bleiben oder ausgeklammert werden sollen, sobald es um die ästhetische Qualität und die poetische Konstitution der Texte geht. Knapp einhundert Jahre sind solche Einklammerungen und Ausklammerungen wiederholt als gemeinsamer Weg der Anfänger und der Fortgeschrittenen bei der Einrichtung der Literaturinterpretation gerechtfertigt worden. Die aus der Bewegung »Tools-to-Theory« hervorgehenden Theorien wirken wie Scheuklappen, die es erlauben, jede weitergehende historische Fragestellung durch die Unterscheidung von »Text und Kontext« zu gliedern und im ungünstigsten Fall auch ganz abzublocken. Dieser Möglichkeit entspricht der komplementäre Vorwurf, eine historisch akkurate Lektüre behandle den Text nur als historisches Dokument, oder als einen »Text wie jeden anderen.« Es lässt sich denken, dass eine antihistorische Lektürepraxis unter solchen Umständen besser wirkt als eine Lektürepraxis, die den historischen Sprachabstand und Sachabstand betont und auf Voraussetzungen aufmerksam macht, die Anfänger beim besten Willen noch nicht verstanden haben können. Die Entwicklung der Literaturtheorie zur »Theory« kann als eine Folge der verschiedenen Wege und Werte betrachtet werden, die aus den langfristigen Folgen der Anfängerübungen hervorgegangen sind.

Allerdings würde eine solche Herleitung in mehrerlei Hinsicht unvollständig bleiben. »Theory« ist nicht nur aus Literaturtheorie und Literaturinterpretation hervorgegangen, sondern entstand aus der Hybridisierung literaturwissenschaftlicher und philosophischer Lektüreverfahren. Und »Theory« konnte erst entstehen, als die allegorische Gewalt der philosophischen Aneignung literarischer Texte nicht nur philosophisch, sondern auch philologisch legitimiert wurde, und in der Folge nicht nur als philosophisch und philologisch legitim, sondern auch in literarischer Hinsicht als angemessen und sogar überlegen gelten konnte. Diese Verlagerung soll abschließend kurz erörtert und auf die langfristigen Folgen der Anfängerübungen des Literaturinterpretierens bezogen werden. Eine angemessene Historisierung dieser Verlagerung würde ein eigenes Buch verdienen und muss daher an anderer Stelle erfolgen, hier geht es nur um eine vorläufige Charakterisierung ihrer Stellung in der Geschichte der literarischen Hermeneutik.

(8.) Theorieliteratur

Literaturtheorie jeder Art birgt den Hang einer Verselbstständigung der eigenen Bezugnahme auf theoretische Prinzipien. Es besteht die Möglichkeit, dass Literatur zur Belegstelle für theoretische oder geschichtsphilosophische Annahmen wird, und dass diese den Text der Interpreten auch in seiner Gliederung und den Einzelentscheidungen über das, was kommentierenswert erscheint, prägen werden. Literaturtheorie wird dann zur Theorieliteratur, in mehrfacher Bedeutung dieses Kompositums. Diese Mehrdeutigkeit hat sich seit den 1970ern als ein Normalfall der Literaturinterpretation durchgesetzt. Die praktischen Folgen dieser Entwicklungen für die Tätigkeit des Interpretierens lassen sich mithilfe zweier paradigmatischer Zitate zusammenfassen, die sich auf denselben Autor beziehen. Leo Spitzer schreibt 1953 in einem Aufsatz, der als Brief[32] an Georges Poulet deklariert wird (im Schlussteil):

> »Der freundschaftliche Vorwurf, den ich an Ihre Methode richten würde, ist der, daß sie eine auf die Literatur angewendete Philosophie darstellt und die Gefahr mit sich bringt, jene dieser aufzuopfern. Indem Sie ihren hervorragenden metaphysischen Sinn für innere Zeit und inneren Raum auf einige dreißig Autoren ersten Ranges angewendet haben, sind Sie in den Besitz eines wunderbaren Fingerspitzengefühls im Umgang mit diesen Begriffen gelangt, aber es besteht die Gefahr, daß Ihre philosophische Intuition nicht immer mit der künstlerischen Absicht ihrer Autoren übereinstimmt, die sich meines Erachtens zur Gänze nur einer inneren Erforschung öffnet, die zunächst einmal bewußt auf der literarischen Ebene der einzelnen Werke bleibt: erst wenn man den inneren Sinn des Werkes A, dann des Werkes B, dann von C eines Autors festgestellt hat, darf man meines Erachtens

ohne Gefahr zu einer Gesamtschau seines Werkes gelangen und ihm seinen Platz in der Welt der Ideen anweisen. Man muß *drinnen* (mehrere Male drinnen) gewesen, um *darüber hinaus* zu gelangen. Das *a priori* eines Autors ist für den Philologen nur ein *a posteriori*. Die Praxis, literarischen Kunstwerken von außen allgemeine philosophische Kategorien (kantische: Raum, Zeit, Person, Zahl, was weiß ich?) aufzuerlegen, läuft Gefahr, ihrem Sinn Gewalt anzutun. Den philosophischen Ideen wohnt eine angeborene Tendenz inne, sich vom literarischen Kontext zu emanzipieren, sich in autarken Systemen zu ordnen, sich gegenseitig herbeizuzitieren, einen phantastischen Tanz (Todestanz?) über den Figuren aufzuführen, die sie angeblich in den Kunstwerken darstellen sollen … Der erfahrene, aufmerksame Philologe, der ein Werk ohne vorgefaßte Meinung liest, dem Zufall folgend, der ihn stutzig macht, und der sich mit dem Konkreten tränkt, welches ihm das Werk darbietet, hat mehr Aussicht, das Wesen eines literarischen Meisterwerkes aufzuspüren, das vielleicht mit überhaupt keinem philosophischen System übereinstimmt oder das Züge einer Philosophie entwickelt, die kein systematischer Philosoph hätte vorausschauen können. Der angeborene ›Chamäleonismus‹ des Philologen ist eher in der Lage, sich dem Konkreten des künstlerischen Werkes anzupassen als der ›Systematismus‹ des Philosophen.«[33]

Paul de Man schreibt 1969 in seiner Würdigung desselben Kollegen (und zwar wiederum zum Schluss):

»Eine Konzeption der Literatur als Sprache der Authentizität, die dem ähneln würde, was man etwa in einigen Texten Heideggers nach *Sein und Zeit* findet, ist nicht Poulets Sache. Er bleibt jeder Form einer prophetischen Dichtung abhold. Die Suche nach dem Ursprung, die in seinem Denken als konstante Größe wirksam bleibt, kann bei ihm nie von der Sorge um das Selbst abgelöst werden, durch die jene Suche ausgetragen wird. Aber dieses Selbst besitzt nicht die Macht, ihre eigene Dauer hervorzubringen. Diese Macht gehört dem, was Poulet ›den Moment‹ nennt, und der tatsächlich einen Zeitpunkt bezeichnet, in dem das Selbst die Sprache als einzige Modalität seines Daseins akzeptiert. Sprache ist allerdings keine ursprüngliche Quelle, sondern es ist die Artikulation des Selbst und der Sprache, die nur zusammen eine zukünftige und relativ umfangreiche Macht erwerben können. Selbst und Sprache sind die beiden Wendepunkte, aus deren Verlaufsbahn das Werk entspringt, aber keine der beiden Größen kann für sich den Status einer primären Quelle beanspruchen. Die eine ist die Vorgängigkeit der jeweils anderen. Wenn man der Sprache das Privileg des Entspringens verleiht, geht man das Risiko ein, das Selbst zu verstecken. Das fürchtet Poulet mehr als alles andere, wenn er etwa schreibt: ›Ich will um jeden Preis die Subjektivität der Sprache retten.‹ Aber wenn das Subjekt als primäre Quelle vorgeordnet wird, neigt es dazu, sich mit dem Sein in einer selbstverzehrenden Identität zu vereinen, deren Zerstörung auf die Sprache durchschlägt. Poulet lehnt diese Option ebenso kategorisch ab wie die andere, allerdings etwas weniger explizit. Die Sprachsorge lässt sich durch den seelenquälerischen Tonfall nachempfinden, der alle seine Schriften durchzieht und eine ständige Sorge um das Überleben der Literatur zum Ausdruck bringt. Das Subjekt, das sich in den Literaturinterpretationen Georges Poulets ausspricht, ist ein verletzliches und fragiles Subjekt, dessen Stimme nie als Präsenz etabliert werden kann. Es handelt sich um die Stimme der Literatur selbst, die sich in einem der wichtigsten Werke der Gegenwart inkarniert.«[34]

Diese beiden Zitate liegen nur wenige Jahre auseinander. Zweifelsohne kann man sie auch als Selbstporträts lesen, was Spitzer ohnehin durch seine Aussage zum Chamäleonismus des Philologen auf die ihm eigene und wie gewohnt unverblümte Weise vorschlägt, während es im Falle de Mans einer Verwandlung in das Gegenteil der Porträt-Zuschreibungen bedarf, die nur durch eine sorgfältige Permutation möglich würde, wie sie de Man selbst wiederholt ausgeübt hat und auch in diesem Text als Matrix zugrunde legt. Die Zusammenschau der beiden Zitate demonstriert wie in einem Zeitraffer die Spannbreite der Interpretationskunst des 20. Jahrhunderts zwischen einer »explication du texte« und ihrer Umgestaltung zur »Theory«. Sie kann daher als eine emblematische Verdichtung des Gesamtbogens gelesen werden, der sich vom »Tools-to-Theory« der ersten Jahrhunderthälfte zum »Theory-to-Tools« der zweiten spannt und zumindest einige der langfristigen Folgen der Anfängerübungen bis in die Gegenwart strukturiert. Dabei geht es nicht nur um die Positionen oder Genres der historischen Literaturinterpretation (hier vertreten durch Leo Spitzer), der philosophisch gebildeten Interpretationsserien (Georges Poulet) und der »Theory« (bei de Man). Es geht alles in allem um den zulässigen Argumentationstyp, und um die institutionelle Stellung der Literaturinterpretation.

Das erste Zitat belegt die Haltung einer Generation von Romanisten, die sich hartnäckig gegen die Substitution einer literaturhistorischen Aufgabenstellung durch die Gliederungshilfen einer philosophischen Theoretisierung sträubten, und demonstriert, dass diese Gliederungshilfen bereits damals auf dem besten Wege waren, die monografische Form der philosophisch gebildeten Literaturinterpretation zu strukturieren. Das zweite Zitat demonstriert den Triumph der »Theory«: Es diskutiert denselben Autor und entwirft an seiner Stelle eine dialektische Kehrtwendung, die überhaupt nicht mehr durch den Rekurs auf einen interpretierten literarischen Text begründet wird, sondern durch die Anerkennung einer quasi axiomatisch gesetzten theoretischen (oder philosophischen) Kategorie, die dem Anspruch nach für *alle* literarischen Texte Gültigkeit besitzt und daher auch der Philosophie standzuhalten beansprucht (oder umgekehrt: die als philosophische Kategorie Universalität beansprucht und daher auch jeder Literaturinterpretation, und durch ihre geschichtsphilosophische Anwendung auch der Literaturgeschichte standhalten wird).

Die erste Position betont das Einspruchsrecht der Quellen gegenüber allen allzu philosophischen oder theoretischen Interessen. Es besagt, dass die philosophisch strukturierte Interpretation in Gefahr steht, eine unmerkliche Idealisierung und Verfälschung des historischen Gegenstands zu bewirken, einen vielgestaltigen Anachronismus, der seine Leser in die Irre führt, weil er den Text im Detail ohne historische Orientierung behandelt. Von Paul de Man wird der gleiche Text dafür getadelt, nicht die richtige theoretische Terminologie (oder Theorie) gewählt zu haben, und er wird auf die Möglichkeit hin gelesen, diese Terminologie durch eine bessere terminologische Lektion zu ersetzen. Die erste Lektion verlangt eine Restitution des literarischen Korpus, die zweite eine perfektioniertere theoretische Betrachtung mit dafür eigens ausgewählten Textkorpora und Textpassagen (also genau dessen, was im ersten Text im Namen einer stetig vertieften Historisierung als Anachronismus und als Übersystematisierung abgelehnt wird).

Diese hybride Form einer bewusst antihistorischen oder antihistoristischen Theoriediskussion ist »Theory«. Sie bezieht ihre Quellen weiterhin aus der Literatur- und der Philosophiegeschichte, kann aber beide vermischen und überkreuzen, etwa durch eine literarische Lektüre philosophischer Texte (oder Textpassagen), und durch Lesarten literarischer Texte als Allegorie philosophischer Argumentationsschritte. In dieser hybriden Ausrichtung geht die Bestimmung der Eigenschaften literarischer Texte im Bereich der »Theory« kaum weiter als bis zu den Eigenschaften, die in den Anfängerübungen früherer Generationen als Eigenschaften der Literatur erkannt werden konnten. Aber sie findet diese Eigenschaften auch in der Philosophie und der Literaturtheorie selbst, und das keineswegs zu Unrecht. Die Anfängerübungen des Literaturinterpretierens wurden zur Basis der Literaturtheorie, und wo sie auf Literatur und Theorie gleichermaßen Anwendung fanden, verselbstständigte sich die Theorieliteratur zu einer eigenen Gattung der Sekundärliteratur, die durch Interpretation zu ihrer eigenen Primärquelle geworden ist.

Durch diese Expansion der Zuständigkeiten hat die Geschichte der »Theory« mittlerweile zur Stabilisierung der Literaturwissenschaft beigetragen, auch wo die Diskussion der stabilen Elemente, insbesondere der rhetorischen Figuren und Tropen, heftigen Turbulenzen ausgesetzt wurde. Auch das Formempfinden der Literaturtheorie konnte sich einer Analyse nicht entziehen, in der dieses Formempfinden nicht nur zur Ressource, sondern auch zum Gegenstand der Betrachtung wurde. Aber dann stellt sich die Frage, ob man Paul Valérys Diktum nicht eher rückwärts lesen sollte: Warum soll es in den rhetorischen Figuren um das Wesen der Dichtung gehen, das durch eine zunehmende Verfeinerung erkannt werden konnte? War es nicht eher eine spezifisch moderne Verflachung, den Gegenstand dieses Wesens als Poetik und nicht, wie in der Tradition vorgesehen, als Rhetorik zu benennen? Und ist es nicht das Signum eines jeglichen sprachlichen Formempfindens geblieben, das die rhetorischen Figuren auszeichnete und sie als Schmuck und Kunstgriffe jeder Verwendung, sei sie dichterisch oder nicht-dichterisch, zur Verfügung stellte? Die sprachtheoretische Überprüfung von Paul Valérys Diktum führt die modernen Philologien in eine Zweideutigkeit, die schon seit den Tagen der russischen Formalisten nur durch dogmatische Zuschreibungen aufgelöst werden konnte, und eines Tages ohne eine solche Dogmatik aufgelöst werden wird:

> »Der antiken Rhetorik galten als Schmuck und Kunstgriffe jene Figuren und Beziehungen, welche die zunehmende Verfeinerung der Dichtung schließlich als das Wesen ihres Gegenstands erkannt hat, und in denen eines Tages die fortgeschrittene Analyse Auswirkungen von tieferliegenden Eigenheiten oder dessen, was man *Formempfinden* nennen könnte, sehen wird.«[35]

1 Steffen Martus, »Interpretieren – Lesen – Schreiben. Zur hermeneutischen Praxis aus literaturwissenschaftlicher Perspektive«, in: Andreas Kablitz, Christoph Markschies, Peter Strohschneider (Hrsg.), *Hermeneutik unter Verdacht (Text und Textlichkeit, Band 2)*, Berlin/Boston 2021, 45–82, hier S. 49.

2 Der Beitrag von Steffen Martus widmet sich auf erhellende Weise der Praxis des Literaturinterpretierens als einem sozialen und kooperativen Geschehen. Er kontextualisiert und relativiert die hermeneutischen Grundvorstellungen eines einsamen Lesens und Verstehens durch den Verweis auf eine »Community of Practice«, in der schon lange vor jeder Veröffentlichung öffentliche Normen und Erwartungen zur Überprüfung der literaturwissenschaftlichen Interpretierbarkeit zur Geltung gebracht werden. Ich kann dem Text in der Darstellung dieser Sachverhalte nur beipflichten; meine Fragestellung verwendet den Text ausschließlich als Dokument für einen gängigen Sprachgebrauch und zieht weder die Ergebnisse noch die Methodik des Aufsatzes in Zweifel.

3 Peter Szondi, »Über philologische Erkenntnis«, in: *Schriften I*, Frankfurt/M. 1978, S. 263–288.

4 Martus (vgl. Anm. 1).

5 Galin Tihanov, *The Birth and Death of Literary Theory. Regimes of Relevance in Russia and Beyond*, Stanford 2019, S. 2.

6 Ebd., S. 3.

7 Elias Canetti, *Die Provinz des Menschen. Aufzeichnungen 1942–1972*, Frankfurt/M. 1976, S. 199.

8 Der vorliegende Text muss sich schon aufgrund seiner Länge auf einige wenige Nachweise beschränken. Zur Ergänzung wie zum Beleg der hier vorgetragenen Aussagen sei hiermit pauschal auf das Buch von James Turner zur Philologie des 19. Jh. verwiesen (James Turner,

Philology. The Forgotten Origins of the Modern Humanities, Princeton 2014), das alle hier genannten Korpora aufschlüsselt und einen einschlägigen bibliografischen Ausschnitt zur Epoche der Philologie des langen 19. Jahrhunderts versammelt. Turners Buch bietet insgesamt eine sehr viel ausführlichere Anamnese der für den vorliegenden Text relevanten Philologiegeschichte, und zwar insbesondere der deutschen Seite des Themas. Das erspart seinen Lesern nicht die Frage einer Theoretisierung des Wandels vom Paradigma der Höheren Kritik zum Paradigma der Hermeneutik im späten 19. Jahrhundert. Diese theoretische Betrachtung wird bei Turner nicht geleistet und steht hier im Mittelpunkt. Der Text kann daher auch als eine Art Rezension gelesen werden, oder als das Kapitel, das sowohl bei Turner (im Philologiebuch) als auch bei Fritz K. Ringer (in dessen Buch *Die Gelehrten. Der Niedergang der deutschen Mandarine 1890–1933*, Stuttgart 1983) fehlt.

9 Jacob Habinek, »State-building and the Origins of Disciplinary Specialization in Nineteenth Century Germany«, 1. Februar 2010, University of California, Berkeley, online abrufbar unter {irle.berkeley.edu/culture/papers/habinek 10.pdf.}, letzter Zugriff am 1. Januar 2022. – Zum Zusammenhang zwischen Nationalphilologien und Nationalstaaten existiert eine reichhaltige Literatur. Hingegen scheint die Korrelation von Disziplinenbildungen und nationalstaatlichen Konsolidierungsprozessen bis dato theoretisch unterbelichtet geblieben zu sein.

10 Deshalb ist eine »Höhere Kritik« der Höheren Kritik des 19. Jahrhunderts, was den Vergleich mit außereuropäischen Traditionen betrifft, niemals so notwendig wie heute. Pioniere dieser Kritik waren u. a. Franz Baermann Steiner, Karl Anton Nowotny, William Pietz und Fritz W. Kramer. Diese Fragestellung verlangt einen eigenen Text und kann an dieser Stelle nicht vorweggenommen werden.

11 Thomas Kuhn, *Die Struktur wissenschaftlicher Revolutionen*, 2. Aufl., Frankfurt/M. 1976.

12 Karl Mannheim, »Beiträge zur Theorie der Weltanschauungsinterpretation«, in ders., *Wissenssoziologie.* Neuwied 1964, 91–154. Mannheims Text ist bis heute die beste Charakterisierung der Methodik einer geistesgeschichtlich und/oder nach stilistischen Gesichtspunkten verfahrenden Hermeneutik geblieben, insbesondere durch den Nachweis, dass die geistesgeschichtliche, aber auch die weitaus meiste sozialhistorische Hermeneutik exemplifizierend verfährt und nur ein schwaches Verhältnis zur Ermittlung historischer Ursachen aufweist, und dass dieses Verhältnis umso schwächer wird, je überzeugender und konsistenter die ästhetische Exemplifikation ausfällt. Dieses Diktum entspricht den Einwänden von Historikern und quellenkritisch arbeitenden Kulturwissenschaftlern gegen geistesgeschichtliche und geschichtsphilosophische Referenzbildungen. Vgl. zum Thema etwa die grandios skeptische Studie von Francis Haskell zur Charakterisierung historischer Epochen durch exemplarische Bilder, *History and its Images. Art and the Interpretation of the Past*, New Haven 1993.

13 Erich Auerbach, »Giambattista Vico und die Idee der Philologie«, in ders., *Philologie der Weltliteratur. Sechs Versuche über Stil und Wirklichkeitswahrnehmung*, Frankfurt/M. 1992, S. 67.

14 Ebd., S. 68.

15 Ebd., S. 73.

16 Ebd., S. 67.

17 Vgl. James Turner, *Philology. The Forgotten Origins of the Modern Humanities*, op. cit.

18 Karl Löwith, *Weltgeschichte und Heilsgeschehen*, 8. Aufl., Stuttgart 1990, S. 109.

19 Später im Text wird ein Beispiel für diese mokante und distanzierte Beziehung gegeben.

20 Und wenn man von »Verstehen« sprechen will, dann muss man sagen, dass nur zwei Autoren die eigentümliche Virtualität Vicos – die Zukunft einer Vergangenheit, die nie eine Gegenwart besaß – in ihren eigenen Werken so ausgetragen haben, wie es der jeweiligen his-

torischen Stellung entsprach: Michelet und Joyce. Als Michelet Vico für seine historischen Zwecke entdeckte, sah er in ihm nicht ein unerreichbares Idol, sondern ein angemessenes Vorbild seiner eigenen Ambitionen, also einen »Gegenwartsautor«; und in der Tat hat Michelet seine an Vico geschulten Ambitionen in eine Serie von Geschichtswerken umgesetzt, deren psychohistorische Radikalität in anderen Sprachen kein Pendant gefunden hat. Für Joyce ist Vico bei der Komposition von *Finnegans Wake* das gewesen, was ihm die Odyssee (ohne sie auf Griechisch zu studieren) in der Komposition von *Ulysses* garantierte: die Grundlage eines Netzwerks von narrativen Bezügen. Wenn Auerbach die vicosche Philologie beschwört, vergisst er eine Tatsache, die Joyce und Michelet bewusst war: dass die vicosche Herausforderung der philologischen Geschichtsschreibung in der Moderne keine Utopie war, sondern ein Werkzeugkasten, der für Nationalstaaten und ihre Intellektuellen, ihre Volksvertreter und ihre Dissidenten alle möglichen Formen der praktischen Legitimation bereithielt, in Deutschland etwa leicht abzulesen an den patriotisch-republikanischen Tätigkeiten und Gattungen der Grimms (Recht, Mythologie, Märchen, Wörterbuch, Grammatik, Etymologie u. a.). Vicos Philologie ist das, was im 19. Jahrhundert stattgefunden hat und im 20. Jahrhundert seine politischen Wirkungen entfaltete. Das ist der Standpunkt, von dem aus Joyce Vico als Gegenwartsautor verwendet. Vgl. Thomas C. Hofheinz, *Joyce and the Invention of Irish History. Finnegans Wake in Context*, Cambridge 1995, insbesondere Kap. 5.

21 Hans-Georg Gadamer, »Einführung« in: Gadamer, Hans-Georg/Boehm, Gottfried (Hrsg.), *Seminar. Philosophische Hermeneutik*, Frankfurt/M. 1976, S. 7–40.

22 Joyce, und das zweimal. Ansonsten? Allenfalls einige Autor:innen der Nachkriegszeit, deren Abschluss einer jahrzehntelangen Planung darin bestand, vor dem ursprünglichen Entwurf zu kapitulieren, z. B. Leiris.

23 Wilhelm Dilthey, *Einleitung in die Geisteswissenschaften.*

Versuch einer Grundlegung für das Studium der Gesellschaft und der Geschichte (1883), 6. Aufl., Stuttgart 1966, S. 25.

24 Ebd., S. 25. (Das Kapitel lautet: »Ihr Material«, das heißt, das der Geisteswissenschaften.)

25 R. Stephen Turner, »The Prussian Universities and the Concept of Research«, *IASL* 5 (1980), S. 68–93, hier S. 91.

26 Friedrich Schleiermacher, *Hermeneutik und Kritik*, hrsg. von Manfred Frank, Frankfurt/M. 1977, S. 286.

27 Ebd., S. 302.

28 Ich erspare mir an dieser Stelle eine ausführliche Zusammenstellung und Kritik der literaturwissenschaftlichen Zusammenfassungen Schleiermachers und ungezählter Einführungen in die Hermeneutik, die auf eine Erwähnung des Wechselverhältnisses von Hermeneutik und Kritik verzichten. Der Hinweis muss genügen, dass sie in der Mehrheit sind und in allen geisteswissenschaftlichen Bibliotheken stehen. Vgl. hingegen Günther Pflug, »Hermeneutik und Kritik. August Boeckh in der Tradition des Begriffspaars«, in *Archiv für Begriffsgeschichte* 19 (1975), S. 138–196.

29 Friedrich Schleiermacher, *Hermeneutik und Kritik*, op. cit., S. 255.

30 Ebd., S. 256.

31 Ebd., S. 256 f.

32 Ebd., S. 92.

33 Eine Alternative zur Begründung von Interpretationen literarischer Texte beruft sich auf die Kommentierungsbedürftigkeit angesichts drohender Missverständnisse. Diese Begründung läuft daher auch nicht auf eine Rangordnung hinaus, in der die »One-on-one«-Interpretation den höchsten (epideiktischen) Stellenwert einnimmt, sondern auf ein Feld, in dem die Auflösung einer Verstehensschwierigkeit und die Aufdeckung einer bis dato übersehenen Schwierigkeit (*lectio difficilior*) als Grundeinheit ebenso viel wert sein kann wie jede Kompilation solcher Verbesserungsvorschläge oder Vorschläge zur Bestimmung eines »Gesamtwerks«. Für solche Einzel-

kommentare war die Welt der Miszellen des 19. Jahrhunderts geschaffen; sie entsprechen nicht ohne Grund der Hegemonie der Höheren Kritik. Heute gibt es keine einzige literaturwissenschaftliche Fachzeitschrift für solche Miszellen, von denen jeder Philologe Hunderte in seiner Schublade hätte, und die daher nur im Rahmen von Editionen oder längeren Kommentaren das Licht der Welt erblicken oder – hoffentlich – großzügig verschenkt werden. Bastian Weiß weist mich darauf hin, dass die Publikation von Miszellen und Glossen in philologischen Spezialzeitschriften zu Autoren und Hauptwerken (z. B. der *Revue Verlaine* oder den *Cahiers Lautréamont*) gebräuchlich geblieben ist. Das deutet auf zwei Entwicklungen hin: dass die Miszelle ein marginales Genre geworden ist (auch im wörtlichen Sinne: dass Miszellen sich auf Marginalien am Rande von kanonisierten Texten beschränken); und dass die Erschließung von »Leben und Werk« sich immer noch auf dem Sprung zur Höheren Kritik befindet – wenn auch meist nur auf dem Sprung. – Zum Kommentar als Basiseinheit der Philologie und Alternative einer hermeneutischen Begründung der Interpretationspublizistik vgl. Jürgen Fohrmann, »Der Kommentar als diskursive Einheit der Wissenschaft«, in: ders./Harro Müller (Hrsg.), *Diskurstheorien und Literaturwissenschaft*, Frankfurt/M. 1988, S. 244–256.

34 Friedrich Schleiermacher, *Hermeneutik und Kritik*, op. cit., S. 94.

35 Ebd., S. 74.

36 August Boeckh, *Encyclopädie und Methodologie der Philologischen Wissenschaften*, 2. Aufl., hrsg. von Rudolf Klussmann (Erstauflage: Ernst Bratuschek von 1877), Leipzig 1886. Zu Schleiermachers textkritischer Arbeit an Platon vgl. insb. S. 211 ff., 217 ff., 236 ff.

37 Wilhelm Dilthey, *Leben Schleiermachers*, 2. Aufl., Berlin/Leipzig 1922, S. 647.

38 Friedrich Schleiermacher, *Über die Philosophie Platons*, hrsg. von Peter M. Steiner, Hamburg 1996, S. 37.

39 Zitiert nach {www.zeno.org/Literatur/M/Goethe,+

Johann+Wolfgang/Briefe/1812} (Text nach der Weimarer Ausgabe der *Gesammelten Briefe*. Prinzipiell eine verlässliche Ausgabe. Editionsprinzipien online abrufbar unter {www.zeno.org/nid/20004860217}, letzter Zugriff am 1. April 2022.

40 Friedrich Schleiermacher, *Hermeneutik und Kritik*, op. cit., S. 249.

41 Charles Goodwin, *Co-Operative Action*, Cambridge 2018.

42 August Boeckh, *Encyclopädie und Methodologie der Philologischen Wissenschaften*, op. cit., S. 172. Weitere Zitate Boeckhs werden im Text nachgewiesen.

43 Ernst Troeltsch, »Über historische und dogmatische Methode in der Theologie« (1898), in ders., *Zur religiösen Lage, Religionsphilosophie und Ethik. Gesammelte Schriften*, Bd. II, Tübingen 1913, S. 729–753. Weitere Zitate werden im Text nachgewiesen.

44 August Boeckh, *Encyclopädie und Methodologie der Philologischen Wissenschaften*, op. cit., S. 175.

45 Ernst Troeltsch, »Über historische und dogmatische Methode in der Theologie« (1898), art. cit., S. 729–753, hier: S. 732. Weitere Zitate werden im Text nachgewiesen.

46 Eduard Meyer, *Ursprung und Geschichte der Mormonen. Mit Exkursen über die Anfänge des Islam und des Christentums* (Orig. 1912), Hildesheim 1970.

47 Vgl. insbesondere die hermeneutische Rekonstruktion der Hermeneutik Freuds durch Paul Ricœur, die zwar auf textkritische Spurenelemente stößt (»Symbolkritik«, »Die Interpretation als Übung des Zweifels«), aber sie nicht auf die interpretierenden Wissenschaften des 19. Jahrhunderts bezieht, die Freud und seinen Zeitgenossen geläufig waren, und sich daher wie so viele andere in der Deutung Freuds auf das Substitut einer Philosophie- und Metaphysikgeschichte zurückfallen lässt. Vgl. Paul Ricœur, *Die Interpretation. Ein Versuch über Freud*, Frankfurt/M. 1974.

48 Das gilt nicht nur für zum Beispiel Ricœur (oder Starobinski) gegenüber Freud, sondern auch für Ruth Benedict und die »Culture-and-Personality«-Schule gegenüber

Franz Boas; für Gombrich und zum Teil schon Panofsky gegenüber Warburg; oder, wie bereits demonstriert, etwa für Auerbach gegenüber Vico; u. v. a. m. – die Konstellationen ließen sich vervielfachen.

49 Anthony Grafton, *Defenders of the Text. The Traditions of Scholarship in an Age of Science, 1450–1800*, Cambridge (Mass.) 1991, S. 176.

50 Ebd., S. 176 f.

51 Eindrucksvoll dargelegt durch Klaus Weimar, *Geschichte der deutschen Literaturwissenschaft bis zum Ende des 19. Jahrhunderts*, München 1989.

52 Anthony Grafton, »Auf den Spuren des Allgemeinen in der Geschichte: Der wilde Gott des Aby Warburg«, in Michael Hagner/Manfred D. Laubichler (Hrsg.), *Der Hochsitz des Wissens. Das Allgemeine als wissenschaftlicher Wert*, Zürich/Berlin 2006, S. 73–95, hier S. 90.

53 Heinrich Nissen, *Kritische Untersuchungen über die Quellen der vierten und fünften Dekade des Livius*, Berlin 1863, S. 77.

54 Ebd., S. 78.

55 Vgl. Fritz K. Ringer, *Die Gelehrten. Der Niedergang der deutschen Mandarine 1890–1933*, Stuttgart 1983.

56 Heinrich Bosse, *Bildungsrevolution 1770–1830*, hrsg. von Nacim Ghanbari, Heidelberg 2012.

57 Vgl. Fritz K. Ringer, *Die Gelehrten. Der Niedergang der deutschen Mandarine 1890–1933*, op. cit., und Klaus Christian Köhnke, *Der junge Simmel – in Theoriebeziehungen und sozialen Bewegungen*, Frankfurt/M. 1996.

58 Otto Immisch, *Wie studiert man klassische Philologie? Ein Überblick über Entwicklung, Wesen und Ziel der Altertumswissenschaft nebst Ratschlägen zur zweckmäßigen Anordnung des Studiengangs*, Stuttgart 1909, S. 123 f.

59 Peter Szondi, »Über philologische Erkenntnis«, in: *Schriften I*, Frankfurt/M. 1978, S. 263–288, hier S. 264.

60 Johann Martin Chladenius, *Allgemeine Geschichtswissenschaft: worinnen der Grund zu einer neuen Einsicht in allen Arten der Gelahrtheit gelegt wird*, Leipzig 1752.

61 Wilhelm Körte, *Leben und Studien Friedr. Aug. Wolf's, des Philologen*, 2 Teile, Essen 1833, S. 309 f.

62 Johann Gottlieb Fichte, Brief an Wolf, Jena 1799 (ohne genauere Datierung überliefert), zit. nach Körte, ebd., S. 311 f.

63 Franz Schnabel, *Deutsche Geschichte im neunzehnten Jahrhundert, Band 3. Erfahrungswissenschaften und Technik*, München 1987. – Diese Einschätzung ist heutigen Wissenschaftshistorikern plausibel geblieben. So schreibt Rudolf Stichweh: »Gerade die Philologie nimmt ja den erstaunlichen Weg von einer enzyklopädisch-explikativen Bindung an klassische Texte zu einer Dekomposition der Texte – man denke an die Homerischen Epen nach Friedrich August Wolfs ›Prolegomena ad Homerum‹ (1795) –, die keinen prinzipiellen Unterschied zwischen der Artifizialität rekonstruierter Texte, dies im Verhältnis zur Tradition der Kenntnis dieser Texte gesprochen, und der Artifizialität einer naturwissenschaftlichen Erkenntnissituation mehr erlaubt.« Rudolf Stichweh, *Wissenschaft, Universität, Professionen. Soziologische Analysen*, Frankfurt/M. 1994, S. 93 f. – Für diese Artifizialität sei die von Grafton diagnostizierte »preference for error over truth« verantwortlich: »Gemeint ist damit, daß an die Stelle der Bewahrung überlieferter Wahrheit ein Interesse für Inkonsistenzen und Irrtümer tritt, weil an diese ein Forschungsprozeß anschließbar ist.« (Stichweh, ebd., S. 59) – Diese Kennzeichnung entspricht dem philologischen Selbstverständnis Wolfs und seiner Begründung in den *Prolegomena*, aber auch dem Grundkonsens der Philosophischen Fakultäten vor dem Exodus der Naturwissenschaften und vor dem philosophisch begründeten Separatismus der Geisteswissenschaften.

64 Wilhelm Dilthey, »Ideen über eine beschreibende und zergliedernde Psychologie«, in ders., *Die geistige Welt. Einleitung in die Philosophie des Lebens. I. Abhandlungen zur Grundlegung der Geisteswissenschaften*, 3. Aufl., Göttingen 1961, S. 139–237.

65 Hermann Ebbinghaus, »Über erklärende und beschreibende Psychologie (1896)«, in: Frithjof Rohdi/Hans-Ulrich Lessing (Hrsg.), *Materialien zur Philosophie Wilhelm Diltheys*, Frankfurt/M. 1984, S. 45–87.

66 Zumindest eine Passage von Ebbinghaus sollte man so ausführlich zitieren, dass begreiflich werden kann, wie wenig von Diltheys Wünschen einer neuen »beschreibenden Psychologie« nach ihrer kritischen Sichtung durch Ebbinghaus übrig bleibt, nämlich weniger als nichts: »Seltsame Polemik, alles in allem genommen. Die Psychologie geht in die Irre, behauptet Dilthey, denn sie liefert hypothetische Erklärungen und Konstruktionen des Zusammenhanges der psychischen Dinge hinter dem Gegebenen. Das entspricht nicht der Natur der Dinge, ist unnötig und unmöglich. An ihrer Stelle ist eine Psychologie auszubilden, die beschreibt, zergliedert, verallgemeinert, Konstruktionen des Hinterwirklichen aber sorgfältig vermeidet. Allein auf jeder Seite dieses Gegensatzes ist ein Glied unbeachtet geblieben. Die erklärende Psychologie erklärt und konstruiert nicht nur etwa aus bloßen hypothetischen Annahmen heraus, sondern in der überwiegenden Mehrzahl ihrer Vertreter in der Vergangenheit und in der Gesamtheit ihrer selbständigen Vertreter in der Gegenwart bereitet sie sich die Mittel für ihre Erklärungen erst durch das sorgfältigste Studium des Gegebenen. Sie übt seit langem eben das Verfahren, das Dilthey ihr als empfehlenswert vorhält, und zwar nicht etwa nur beiläufig und gelegentlich, sondern mit dem vollen Bewußtsein, daß es die Unterlage ihres ganzen Tuns bildet. Und die beschreibende Psychologie andererseits begnügt sich nicht mit dem Beschreiben, Zergliedern und Verallgemeinern des Gegebenen, sondern sie erkennt an, daß das Gegebene klaffende Lücken aufweist, deren Ausfüllung dringende Bedürfnisse unseres Denkens gebieten. Indem sie aber die Ausfüllung unternimmt, verfährt sie ganz wie die erklärende Psychologie: sie legt sich das Unerfahrene zurecht mit Hilfe und nach Analogie des der Erfahrung Gebotenen, sie konstruiert hypothetische

Zusammenhänge, die der unmittelbaren Erfahrung ganz entrückt sind. Fügt man auf jeder Seite des Gegensatzes das noch dahingehörige Glied hinzu, so resultiert beiderseits völlige Gleichheit; die einen tun und wollen, was der andere empfiehlt und tut, und – *die Diltheysche Polemik erweist sich als durchaus gegenstandslos.* Ein sachlicher Gegensatz hinsichtlich der Prinzipien des Verfahrens besteht gar nicht; nur der Schein eines Gegensatzes ist vorhanden. Und wodurch kommt es zu diesem Schein? Ich muß es zu meinem Bedauern sagen, lediglich dadurch, daß sich der Autor über die Dinge nach beiden Seiten hin im unklaren befindet, im unklaren über das fremde Wollen und im unklaren über das eigene Tun.« Hermann Ebbinghaus, »Über erklärende und beschreibende Psychologie (1896)«, in: Frithjof Rohdi/Hans-Ulrich Lessing (Hrsg.), *Materialien zur Philosophie Wilhelm Diltheys*, Frankfurt/M. 1984, S. 77 f.

67 Martin Heidegger, *Sein und Zeit*, 16. Aufl., Tübingen 1986, S. 153.

68 Alle Zitate aus Martin Heidegger, *Sein und Zeit*, op. cit., S. 152 f.

69 Claus von Bormann/Ludwig Schmidt/Wolfgang Schenk, »Hermeneutik«, in *Theologische Realenzyklopädie. Band XV, Heinrich II. – Ibsen*, hrsg. von Gerhard Müller, Berlin/New York 1986, S. 108–137, hier: S. 114.

70 Hermann Ebbinghaus, »Über erklärende und beschreibende Psychologie (1896)«, op. cit., S. 82.

71 »Vielmehr gehört gerade die Historizität zu seiner Besonderheit, so dass einzig *die* Betrachtungsweise dem Kunstwerk ganz gerecht wird, welche die Geschichte im Kunstwerk, nicht aber die, die das Kunstwerk in der Geschichte zu sehen erlaubt.« Peter Szondi, »Über philologische Erkenntnis«, in: *Schriften I*, Frankfurt/M. 1978, S. 263–288, hier S. 275. – Wörtlich verstanden, würde diese Maxime jede Form der Textkritik und Sachkritik ausschließen. Es lässt sich leicht nachweisen, dass diese Formulierung auf Szondis literarische Hermeneutik nicht einmal in Ansätzen zutrifft.

72 Vgl. Harold Garfinkel, *Studien zur Ethnomethodologie*, hrsg. von Erhard Schüttpelz, Anne Warfield Rawls, Tristan Thielmann, Frankfurt/M. 2020, S. 78–127.

73 Richard Wagner, *Herr Parkinson*, München 2015, S. 105 f.

Anmerkungen zum Zweiten Teil

1 Der vorliegende Text ist nur ganz minimalistisch mit Nachweisen und Anmerkungen versehen worden. Diese Minimalisierung hat einen guten Grund, und zwar keineswegs den eines Wunsches, sich der philologischen Rechenschafts- und Sorgfaltspflicht zu entziehen – nachdem ich doppelt so viel Text für die Fußnoten wie für den Haupttext vorbereitet hatte. (Nur in einer einzigen Fußnote werde ich eine Ausnahme machen, weil auch ein solcher Vorsatz nicht ohne Ausnahme bleiben soll, und um anzudeuten, wie eine philologisch angemessene Anmerkung zu den meisten der hier vorgebrachten Tatbeständen aussehen würde.) Der Grund für meine Abstinenz besteht darin, dass ich bei Vorträgen, aus denen das vorliegende Buch seinen Anfang nahm, die Erfahrung machte, dass alle jeweils anwesenden Philologen meine Ausführungen mit ebenso guten, aber aufgrund des jeweiligen Werdegangs *anders* changierenden Anmerkungen und Literaturhinweisen versehen konnten wie ich selbst. Diesen Umstand versuche ich im Folgenden zu berücksichtigen, ohne den Zweifel losgeworden zu sein, dass es Hunderte von Philologen gibt, die das Buch besser und kenntnisreicher geschrieben hätten. Außerdem tröstet mich meine eigene Bedingung für einen akzeptablen Text: dass die Darstellung das versammelt, was ich gerne gewusst hätte, als ich mit der Recherche begann, und was ihn durch eine schon vorhandene Darstellung überflüssig gemacht hätte. Mein Dank an Michael Lackner und Peter Strohschneider für ihre Kommentierung einer Vorversion.

2 Der Werdegang eines chinesischen Koordinators und seine Autobiografie ganz normaler literarischer Genüsse findet sich in dem Buch von Shen Fu: *Aufzeichnungen aus einem flüchtigen Leben*, Berlin 2019, u. v. a. Ausgaben. Jeder Satz dieser Einleitung in den Zweiten Teil kann an Shen Fu exemplifiziert werden.

3 Kees Versteegh, »Latinitas; Hellenismos, ›Arabiyya‹«, in: *Historiographia Linguistica* 13.2/3 (1986), S. 425–448.

4 Gerd Gigerenzer, »From Tools to Theory: A Heuristic of Discovery in Cognitive Psychology«, in: *Psychological Review* 98.2 (1991), S. 254–267.

5 Thomas Kuhn, »The Function of Measurement in Modern Physical Science«, in: *Isis* 52 (1961), S. 161–193.

6 Zur osteuropäischen Basis der literaturtheoretischen Bewegungen des 20. Jahrhunderts vgl. Galin Tihanov, *The Birth and Death of Literary Theory. Regimes of Relevance in Russia and Beyond*, Stanford 2019, und Jurij Striedter (Hrsg.), *Russischer Formalismus. Texte zur allgemeinen Literaturtheorie und zur Theorie der Prosa*, München 1971.

7 Jan Mukarovsky, *Schriften zur Ästhetik, Kunsttheorie und Poetik*, Tübingen 1986.

8 Emil Staiger, *Grundbegriffe der Poetik*, Zürich 1946. – Peter Szondi, *Schriften*, 2 Bde., Frankfurt/M. 1978.

9 Maurice Blanchot, *Schriften/Mallarmé*, Berlin 2008. – Roland Barthes, *S/Z*, Paris 1970.

10 William Empson, *Seven Types of Ambiguity*, London 1930. – Ders., *The Structure of Complex Words*, London 1951.

11 René Wellek/Austin Warren, *Theory of Literature*, New York 1948.

12 Paul de Man, *Blindness and Insight. Essays in the Rhetoric of Contemporary Criticism*, 2. Aufl., Minneapolis 1982. – Ders., *Allegories of Reading. Figural Language in Rousseau, Nietzsche, Rilke, and Proust*, New Haven 1979.

13 Roman Jakobson, »Closing Statement: Linguistics and Poetics«, in: Thomas Sebeok (Hrsg.): *Style in Language*, Cambridge (Mass.) 1960, S. 350–370. – Roman Jakobson, *Poetik*, Frankfurt/M. 1979.

14 Etwa in der Kontroverse von Staiger, Heidegger u. a. aus Anlass von Eduard Mörikes Gedicht »Auf eine Lampe«. Vgl. zur aktuellen Forschungslage: Gerhard Plumpe, »Eduard Mörikes Gedicht *Auf eine Lampe* im Wettstreit der Hermeneutik«, in: *Diyalog* 2014/1, S. 7–18. Neben Stai-

ger und Heidegger nicht zu vergessen: Leo Spitzer, »Wiederum Mörikes Gedicht ›Auf eine Lampe‹«, in: *Trivium* 9 (1951), S. 133–146. Bezeichnenderweise wird Leo Spitzers Intervention, auf deren Publikation hin Staiger die Kontroverse abrupt beendete (durch eine »Nachschrift«, ebd., S. 147), bis heute kaum beachtet. Spitzer machte den Vorschlag, den Wortlaut Mörikes nicht terminologisch zu überhöhen, sondern in der Deutung Mörikes die dialektale Färbung der Verwendung von »scheint« zu beachten, in der die Aussprache »schejnt« in die Bedeutung von »schön« bzw. eines impliziten »schönt« übergeht, sinngemäß: »Das Schöne *prangt* selig in sich selbst.« (Spitzer, S. 260) Spitzer bezog sich auf das Grimm'sche Wörterbuch (Leipzig 1893, Bd. 8. Sp. 2447). Noch genauer wäre der Rekurs auf das Schwäbische Wörterbuch (von Hermann Fischer, Tübingen 1920, Bd. 5, S. 743 f.) gewesen, denn dort »wird das vermeintliche ›scheinen‹ für die schwäbische Form des ›schön seins‹ als Aussprachevariante von ›schön‹ angeführt« (Matthias Luserke-Jaqui, *Buchstäblichkeit und symbolische Deutung. Schriften zur Kulturgeschichte der Literatur*, Tübingen 2021, S. 415, Anm. 346 (N. B. von Luserke-Jaqui zwar dokumentiert, aber anders interpretiert; E. Sch.)). Es spricht daher einiges für Spitzers Vermutung einer dritten Bedeutung, die Staiger und Heidegger entgangen war. Allerdings sollte man seine Intervention nicht nur als sprachwissenschaftlich-etymologischen Beitrag zur Literaturinterpretation, sondern auch als eine genuin literarische Intervention würdigen. Dass Staiger die ursprüngliche Serie nach Spitzers philologischem Kommentar abrupt beendete, ohne auf Spitzers Argumente einzugehen oder sie zumindest höflicherweise pro forma anzuerkennen, kann mehrere Gründe gehabt haben. Wenn man sich Spitzers Kommentar als Post-Scriptum zu seinen bis heute nicht gewürdigten *Essays in Historical Semantics* (New York 1948) vorstellt, in einer Serie etymologischer Aufsätze wie »Muttersprache«, »Rasse/Ratio«, »Nazi-Spezi«, »Gentiles«, inklusive seines Heidegger-Kommentars auf den

letzten Metern von »Milieu and Ambiance«, oder wenn man seine Serie etymologischer Studien zu amerikanischen Slangwörtern wie »Snallygaster« kennt, weiß man, wie subtil Spitzers polemische Etymologie sein konnte, oder umgekehrt, wie polemisch etymologische Subtilitäten in der Darstellung Spitzers werden konnten. Wenn »scheint« zu »schejnt« und »schönsein« wird (wie in »jemandem schön sein«, hier aber in dem einmaligen Sinne von »sich selber schön sein«, »prangen«) wird ein etymologischer Zusammenhang aufgerufen, der auf tiefere Sprachverwandtschaften und eine umfassendere europäische Geschichte zurückverweist als nur die von »videtur« und »lucet«, und zugleich einen Kommentar zur Kontroverse zwischen Heidegger und Staiger enthält, den man mit einem der populärsten Lieder des 20. Jahrhunderts wie folgt in Klartext übersetzen kann:
niehcs utsib rim ieB: ןייש וטסיב רימ ײַב

15 Dieser Anspruch wurde zuerst im Russischen Formalismus als zentrale Forschungsfrage verkündet, und nach dem Zweiten Weltkrieg Gemeingut.

16 Gustave Lanson, in: *French Educational Ideals of Today*, Yonkers-on-Hudson, N. Y. 1919, hrsg. von F. Buisson/F. E. Farrington, Exzerpt aus: »L'éducation de la démocratie« (1908), online abrufbar unter {archive.org/stream/frencheducationaoobuisrich#page/294/mode/2up}, letzter Zugriff am 31. März 2023. (Seitenzahlen im Text vermerkt, nach der Ausgabe von 1919.)

17 Paul Valéry, *Windstriche*, Frankfurt/M. 1971, S. 166. (I. O. *Tel Quel*, in *Œuvres*, tome 2, Paris 1960, S. 551.)

18 Erich Auerbach, *Literatursprache und Publikum in der lateinischen Spätantike und im Mittelalter*, Bern 1958, S. 16.

19 Ludwig Wittgenstein, *Vermischte Bemerkungen* (Neubearbeitung), Frankfurt/M. 1994, S. 147. (Notiz vom 25. Dezember 1948.)

20 Rollo Walter Brown, *How the French Boy Learns to Write*, Cambridge (Mass.) 1915, insbesondere: Chapter V, »Reading and Literature«, II. How the Pupil Reads B. In

the Upper Grades: Explication of Texts, 123–148. Nach Original faksimiliert: online abrufbar unter {archive.org/details/howfrenchboylea-01englgoog}, letzter Zugriff am 31. März 2023. Zitate werden nach dieser Quelle im Text nachgewiesen.

21 Vgl. M. Martin Guiney, *Teaching the Cult of Literature in the Third Republic*, New York 2004. (Nach Studien von Antoine Compagnon, insbesondere *La Troisième République des lettres*, Paris 1983.)

22 Vgl. insbesondere Antoine Compagnon.

23 Vgl. Galin Tihanov, *The Birth and Death of Literary Theory. Regimes of Relevance in Russia and Beyond*, Stanford 2019.

24 Der Terminus für die schulischen Übungen hieß »Explication des textes«, daraus wurde erst später eine »Explication du texte« – Die Bewältigung dieser Aufgabe erzielte auch in den Schriften einiger zeitgenössischer deutscher Romanisten bis dato ungeahnt subtile Verbindungen von Sprachgeschichte, Gattungsgeschichte und Interpretationskunst, die von den Praktizierenden unter das Signum des Antireduktionismus gestellt wurden. – Nach dem Zweiten Weltkrieg ist allerdings auch in diesem Bereich eine Poetik entstanden, die sich an den Lektürepraktiken der Anfängerübungen ausrichtete. Vgl. Hugo Friedrich, *Die Struktur der modernen Lyrik. Von Baudelaire bis zur Gegenwart*, Hamburg 1956.

25 Zur ostmitteleuropäischen Geschichte der Literaturtheorie vgl. Galin Tihanov, *The Birth and Death of Literary Theory. Regimes of Relevance in Russia and Beyond*, Stanford 2019.

26 Zu diesem Genre gehört etwa George Steiner, *Real Presences*, Chicago 1989. – Es ist immer wieder erstaunlich, dass und wie sich gründlich gebildete und wissenschaftlich gefestigte Persönlichkeiten in den angelsächsischen Ländern in ihren späteren Jahren dem widmen, was in den beiden kontinentalen Zwillingsländern Deutschland und Frankreich nur als ein »Triumph der Banausie« bezeichnet werden kann.

27 Soviel auch zur Korrektur der Auffassung, die deutschen Geisteswissenschaften seien besonders ›immanent‹ oder vom Motiv der Selbstauslegung geprägt. Die angelsächsischen Literaturstudien können die Prämissen ihrer etwas anders gelagerten Immanenz nur durch explizite Transplantationen aufkündigen – und selten bis nie durch jene Inversionen oder Vertauschungen des Extrinsischen und Intrinsischen, die in der kontinentalen Literaturbetrachtung naheliegt. Das erklärt die eigenartige Form, die das (scheinbar) Extrinsische in den Literaturstudien annimmt, nämlich meist den eines ›Sitzes im Leben‹, der die althergebrachten Aufgaben einer künstlerischen und ethischen Bewertung ermöglicht; und die langfristige Anfälligkeit für Motive einer radikalen Immanentisierung (wie zuletzt in den Jahrzehnten des Poststrukturalismus und davor des New Criticism).

28 Wim van Mierlo, »Reading Joyce in and out of the Archive«, *Joyce Studies Annual* 13 (2002), S. 32–63. – Die Referenz auf Graff bezieht sich auf dessen Buch: Gerald Graff, *Professing Literature. An Institutional History*, Chicago 1987.

29 University of Cambridge, Faculty of English, Homepage: »The Virtual Classroom«, »Introduction to Practical Criticism«, online abrufbar unter {www.english.cam.ac.uk/classroom/pracrit.htm.}, letzter Zugriff am 16. Oktober 2021.

30 Wolfgang Kayser, *Das sprachliche Kunstwerk. Eine Einführung in die Literaturwissenschaft*, Bern 1948.

31 Vgl. zum literaturtheoretischen Motiv der Selbstbezüglichkeit insbesondere in ihrer sprachtheoretischen Fassung Roman Jakobson, »Closing Statement: Linguistics and Poetics«, in Thomas Sebeok (Hrsg.), *Style in Language*, Cambridge (Mass.) 1960, S. 350–370.

32 Leo Spitzer, »Über das *Leben der Marianne*«, in: ders., *Texterklärungen. Aufsätze zur europäischen Literatur*, Frankfurt/M. 1990. – Zuerst veröffentlicht als: Leo Spitzer, »À propos de La Vie de Marianne (Lettre à M. Georges Poulet)«, *Romanic Review* XXIV (1953), S. 102–126.

33 Spitzer, *Texterklärungen*, S. 142 f.

34 Paul de Man, *Blindness and Insight. Essays in the Rhetoric of Contemporary Criticism*, 2. Aufl., Minneapolis 1983, S. 101.

35 Paul Valéry, *Windstriche*, Frankfurt/M. 1971, S. 166. (I. O. *Tel Quel*, in *Œuvres*, tome 2, Paris 1960, S. 551.) – »Ein Spezifikum der Technik jedoch ist es, daß theoretische Probleme auch auf andere Weise, als durch ihre theoretische Lösung verschwinden können.« (Friedrich-Wilhelm Hagemeyer, *Die Entstehung von Informationskonzepten in der Nachrichtentechnik*, Dissertation Berlin 1979, online abrufbar unter {weisses-rauschen.de/hero/hagemeyer/hagemeyer_dissertation.pdf}, letzter Zugriff am 23. Februar 2022.

Nachwort und Dank

Ich bin von Hause aus Philologe, und ich habe dieses Buch geschrieben, weil ich es gerne gelesen hätte, als ich Erstsemester war. Viele andere hätten es schreiben können, und einige hätten es besser gemacht. Da es nicht existierte, folge ich meinem Wunsch »mit Stecken und Plane«. Beim Schreiben geriet ich in eine Anagnorisis: Ich wachte auf und sah im Spiegel einen Forscher aus dem 19. Jahrhundert, der nicht akzeptierte, dass es wissenschaftliche Disziplinen oder »Geisteswissenschaften« gibt. Der vorliegende Text gibt mir Gelegenheit, mich bei allen Philolog:innen zu bedanken, die mich im Laufe der Jahre dazu gebracht haben, über das Schicksal der »Höheren Kritik« in der Moderne und in unseren eigenen Texten nachzudenken. In alphabetischer Reihenfolge und zuerst einmal bei denen, die ich anders nicht mehr erreichen kann, bei Thomas Geider, Fritz Kramer, Cornelia Vismann und zuerst und zuletzt bei Kurt Wölfel. Und für viele nachdenkliche Jahre bei Jeremy Adler, Irene Albers, Heinrich Bosse, Terence Cave, Christian Erbacher, Axel Fliethmann, Jürgen Fohrmann, Anselm Franke, Ursula Geitner, Nacim Ghanbari, Philipp Goll, Marcus Hahn, Michael Harbsmeier, Rembert Hüser, Ludwig Jäger, Christian Kassung, Clemens Knobloch, Albrecht Koschorke, Peter Krapp,

Albert Kümmel-Schnur, Ulrich van Loyen, Steffen Martus, David Martyn, Christian Meyer, Martin Mulsow, Sylvia Paletschek, Frederic Ponten, Antje Quast, Ralf Simon, Thomas Schestag, Fritz Senn, Carlos Spoerhase, Georg Stanitzek, Klaus Wegmann, Annette Werberger, Uwe Wirth und Helmut Zander, und last but not least bei den Mitgliedern und Initiatoren des Arbeitskreises »Text und Textlichkeit« der Fritz-Thyssen-Stiftung, in dessen Rahmen mir die Möglichkeit geboten wurde, die Thesen dieser Schrift zu entwickeln und zu diskutieren.

Erste Auflage Berlin 2023

MSB Matthes & Seitz Berlin
Verlagsgesellschaft mbH
Großbeerenstraße 57 A | 10965 Berlin
info@matthes-seitz-berlin.de

Satz: psb, Berlin
Druck und Bindung: GGP Media GmbH, Pößneck
Umschlaggestaltung nach einer Idee
von Pierre Faucheux
ISBN 978-3-7518-0572-8